子どもと「ぶつからない」「戦わない」指導法!

城ヶ﨑滋雄 [著]
Jougasaki Shigeo

学陽書房

まえがき

　今年度、同じ学年を担当している初任者の先生に年賀状をもらい嬉しく読ませていただきました。そこには、

　城ヶ崎先生のおかげで少しずつではありますが、子どもたちの行動や考え方を理解できるようになったと思います。先生に教えていただくことは必ず「当たる」ので…。

　と、記されていました。
「当たる」というのは、「うまくいった」ということのようです。私は、普段から「きっとうまくいくから、教えた通りに対応してごらんよ」と言って、先生にアドバイスをしていました。その言葉を信じて、ねばり強く取り組んでくれた結果が、「当たり」だったのでしょう。
　私は、初任者の先生に限らず、同僚の先生たちからも、「子どもの問題行動についてどう対応したらよいのか」と、相談される機会が多くあります。一通りアドバイスしたあとに、一人の若い先生に、「ところで、何でいつも私に相談するの？」と聞いてみたことがあります。
　すると、「城ヶ﨑先生に教わった通りにやってみると、うまくいくんです。子どもたちが動くようになるんですよね」という答えが返ってきました。
　その言葉を素直に受け取り、私の実践が少しでも役に立つのであればと思い、自分の実践を本書にまとめてみることにしました。
　また、拙著『クラスがみるみる落ち着く教師のすごい指導法！』

を発刊した際に、色々な先生からご好評をいただいたのですが、そのなかでも「子どもとぶつからない、受け入れていくという視点に共感しました」という声を多くいただいたことを受け、本書の内容は、より具体的にそのノウハウをまとめています。

　さて、クラスが荒れて困っている、悩んでいるという先生が年々多くなっているように感じます。実は、数年前まで私も同じように悩んでいた教師の一人でした。
「こんなに熱意をもって指導しているのに、何で子どもたちはわかってくれないんだろう…」
　と、毎日が嫌になり、教師である私が不登校になりかけた経験もあるくらいです。
　しかし、ある時に、クラスの荒れの原因を子どもだけに求め、彼らばかりに変容を求めている自分に気付かされる経験をしました。この経験が私の考え方を変え、担任するクラスも変えていきました。「精一杯やっている」と自負していた私の指導方法が、実は子どもたちに合っていなかったのかもしれない、ということに気付かされたのです。

　それからは、まず、教師である自分自身を変えることが先決だと考え、それに徹することにしました。
　子どもの「わがまま」に対し、語気を荒げて遠慮なく叱っていた指導をやめて、「わがまま」を受け入れてみることにしてみたのです。一歩引いて冷静に対応する姿勢をとることにしました。
　例えば、いつもなら、「口答えをするな！」と叱っていた子どもの「口答え」を「言い分」として聞いてみることにしたのです。
　子どもは自分なりの「言い分」を持っているので、必死になってそれを主張してきます。それを十分に聞いてあげた上で、「そっかぁ、じゃあどうすればよかったかな？」というように問うと、子どもは

自ら「○○はいけなかった」、「○○すればよかった」という反省の言葉を素直に述べ始めました。

するとどうでしょう？　これまで何度叱って、注意し続けても改まらなかった行動が、その日を境にピタリとやんだのです。これには、本当に驚きました。
「やっぱり、教師である自分自身が変わる必要があったのだ」と実感したのです。
　教師が穏やかに対応することが子どもの素直さを呼び、子どもの素直さが教師の冷静な指導につながっていくのだと知りました。
　それからというもの、日々、指導の試行錯誤に努めてきました。
「荒れているクラス」を途中から担任した時にも、自分の従来のやり方を封印して、「ぶつからない」「戦わない」という指導を心がけました。そのおかげで、「普通のクラス」となり、無事卒業させることができました。

　本書は、このような経験の元に培ってきた私なりの指導の原則＝子どもと「ぶつからない」「戦わない」指導法を紹介しています。
　本書を手にしてくださっている先生が、もし、子どもたちと「ぶつかっていたかもしれない」と感じていたり、これまでの自身の指導法に行き詰まりを感じているならば、先生のやり方を一度横に置いて、本書の指導法をぜひ試してみてください。
　きっと、先生に対する子どもたちの反応が変わり、やがて落ち着いたクラスに変わってくることと思います。
　本書が多くの先生方の「当たり」となることを願っています。

　2015年 春

城ヶ﨑 滋雄

もくじ◎子どもと「ぶつからない」「戦わない」指導法！

まえがき ……………………………………………………………………………… 3

第1章 先生の心を「すーっ」と楽にする！
「ぶつかる指導」をやめる準備

❶苦しい自分を見つめ直す ……………………………………… 12

❷自分自身を一番に変える ……………………………………… 14

❸「今はしかたがない」と視点を変えてみる ……………… 16

❹子どもを「子ども」として見る ………………………… 18

❺今の指導法を常に問い直す …………………………………… 20

COLUMN　子どもの気持ちをくみ取る…❶
あえて、子どもと戦う－「先生の勝ち！」…………… 22

第2章 子どもが素直に受け入れる！
「ぶつからない」「戦わない」叱り方

❶絶対に見逃せないことを叱る ………………………………… 24

❷叱る時は体を弛める …………………………………………… 26

❸事実確認だけを優先する ……………………………………… 28

❹子どもの言い分を受け入れる ……………………………… 30

❺一方的な叱り方をやめる ……………………………………… 32

❻「ハイ（うん）」と言わせてから叱る ………………… 34

❼褒めプラスワンで叱る ⋯⋯⋯⋯⋯ 36

❽ことわざ・格言を引用して叱る ⋯⋯⋯⋯⋯ 38

❾叱られ方も指導する ⋯⋯⋯⋯⋯ 40

❿謝罪の達人をつくらない ⋯⋯⋯⋯⋯ 42

⓫ときにはあえて見逃す ⋯⋯⋯⋯⋯ 44

⓬叱ることにこだわらない ⋯⋯⋯⋯⋯ 46

⓭心配している気持ちを伝える ⋯⋯⋯⋯⋯ 48

⓮叱るストレスを回避する方法 ⋯⋯⋯⋯⋯ 50

⓯ちゃんとしている子にこそ注目する ⋯⋯⋯⋯⋯ 52

COLUMN 子どもの気持ちをくみ取る…❷
だまされてやることも大事 ⋯⋯⋯⋯⋯ 54

第3章 子どもとの信頼関係が深まる！
「気持ち」に寄りそった指導法

❶小さな成長を認める ⋯⋯⋯⋯⋯ 56

❷「できてあたり前」を褒める ⋯⋯⋯⋯⋯ 58

❸意図的に「ありがとう場面」をつくる ⋯⋯⋯⋯⋯ 60

❹3ステップで褒める ⋯⋯⋯⋯⋯ 62

❺行動の価値に気付かせる ⋯⋯⋯⋯⋯ 64

❻学校の生活目標を活用する ⋯⋯⋯⋯⋯ 66

❼心の感度を高める ⋯⋯⋯⋯⋯ 68

❽実感させてわからせる ⋯⋯⋯⋯⋯ 70

❾やり方を押しつけない ⋯⋯⋯⋯⋯ 72

❿指示を出しすぎない ⋯⋯⋯⋯⋯ 74

⓫困った時には頼らせる ································· 76

⓬間違いや失敗を引きずらせない ············· 78

⓭「ガンバレ！」を言わない ······················ 80

COLUMN 子どもの気持ちをくみ取る…❸
耳元でこっそり褒める ····························· 82

第4章 クラスをみるみる安定させる！
子ども同士をつなげる指導法

❶自分の良さを実感させる ························· 84

❷友だちの良いところに気付かせる ············· 86

❸良さはクラスでシェアする ····················· 88

❹人のために行動できるようにする ············· 90

❺先生の真似をさせる ····························· 92

❻違いを尊重できるようにする ··················· 94

❼悪口の輪に入らせない ··························· 96

❽トラブルの再発を防止する ····················· 98

❾不満を我慢させない ···························· 100

COLUMN 子どもの気持ちをくみ取る…❹
子どもの良さを価値化する ····················· 102

第5章 子どもの反発を生まない！ 困った問題への指導の工夫

❶廊下を走る子の「始動」を見直す ……………………… 104

❷挨拶できない子に「予告」する ………………………… 106

❸聞く態度が悪い子に「型」を教える …………………… 108

❹外で遊ばない子にかける「一言」の工夫 ……………… 110

❺挙手できない子は「頷き」で参加させる ……………… 112

❻姿勢が悪い子に「肩ポン」「頭ポン」 …………………… 114

❼忘れ物を減らすための「ルーティン化」 ……………… 116

❽机がきれいに揃う「マーキング」 ……………………… 118

COLUMN 子どもの気持ちをくみ取る…❺ 問題行動は必要行動？ …………………………………… 120

あとがき ……………………………………………………………… 122

第1章

先生の心を
「すーっ」と楽にする！

「ぶつかる指導」を
やめる準備

子どもたちが、先生の指導を素直に受け入れるようになるためには、先生自身の「心の変化」がカギとなります。子どもにばかり向いているベクトルの向きを変えてみましょう。

1 苦しい自分を見つめ直す

子どもをきつく指導した際に後悔したことはありませんか？ 「子どものため」に叱っているはずなのになぜでしょう？

◆叱った後に虚しくなる毎日

　先生の日々は忙しく、ストレスは相当なものです。子どもの言動が改まらず、イライラすることも多いと思います。そして、子どもを叱った後に、モヤモヤと「いやぁな気持ち」になった経験も少なくないでしょう。私は、ずっとそんな毎日でした。

　例えば、もうすぐ授業参観が始まるという時に限って、喧嘩が始まったりします。「よりによってこんな忙しい時に何で喧嘩なんかするんだ！」という憤りが爆発し、子どもたちを叱り飛ばしてしまいます。そして放課後、誰もいない教室で、「あの時は、あんな叱り方をしなくてもよかったのではないか」と反省したり、虚しくなったりしたことは、一度や二度ではありません。

◆ベクトルを自分自身に向けてみる

　そのような毎日のなかで、ふとした時に、「子どもを良くしようと指導しているはずなのに、なぜこんなに後味が悪いのだろう」と思ったことがありました。そして、ある時に、その「なぜ？」ということをとことん突き詰めて考えてみたのです。

　まず、叱っている自分の姿を思い浮かべてみました。鬼の形相です。声高で早口。子どもに詰め寄り、間違いを厳しく指摘していま

す。正論を振りかざし、高圧的に「毎回、毎回、何でそんなことばかりするんだ！」と憤り、冷静さを失っています。

　そのように振り返った時、「これでは、子どものためというより、自分の腹立たしさを解消するために、叱っているようなものだ…」と、とても恥ずかしくなりました。「子どものダメさ」にばかり向いていたベクトルが、初めて自分自身の方に向いたのです。

　こうした自問自答によって、ネガティブな気持ちでいっぱいになっていた自分の心に、少しだけスペースができるのを感じました。そして、この心のスペースが、子どもと「ぶつからない指導法」という発想へと私を導いてくれたのです。

プラス ワンポイント！

原因を自分自身に見い出す視点を持つことをきっかけに、子どもに対する見方や指導法が大きく変わっていきます。「では、私はどうすればよいのか」と、前向きな試行錯誤ができるようになるのです。

② 自分自身を 一番に変える

子どもを変えることに腐心するよりも、自分を変えて相手にあわせる方を選ぶようにしてみます。すると、子どもたちはみるみる変わり始めます。

◆子どもに求め過ぎてはいけない

子どもが問題行動を起こすと、先生は子どもを良くしたいという気持ちから叱ります。叱ったから良い子になるのかというと、そうとは限りません。「変わってくれ！」と、いくら願っても変わらないことの方が多いでしょう。

そういった場合には、先生が躍起になって指導すればするほど、子どもの心は離れていきます。先生は、子どもに「変わること」を求め過ぎてはいけません。

◆先生自身が変わることから始める

ベクトルを先生自身に向けます。先生が子どもに対する見方を変え、子どもとの向き合い方を変えるのです。子どもに「変わること」を求めるのではなく、先生自身が変わろうとすることで、今までの状況に必ず変化が生まれます。

次項以降でも１つずつ述べていきますが、まず、問題を起こす子や態度の悪い子ばかりに向いている視点を「ちゃんとしている子」に向けてみましょう。ネガティブな感情でいっぱいになっている先生の心を楽にして、前向きに考えられる状態にリセットします。

次に、改めて子どもを「子ども」として見る視点を持ちましょう。

じっくりと子どもと向き合い、子どもを受け入れる姿勢が整います。
　そして最後に、その上で、どうすれば子どもをうまく指導できるのか模索していきましょう。今までの指導法を振り返り、「うまくいっていない」のであれば、その反省を元に「次の一手」を考えるようにします。
　間違いなく、一番先に変わる（変われる）のは、子どもではなく先生自身です。先生の目の前にいるのは「子ども」なのですから、期待する「あるべき姿」と現状とのギャップに悩むのではなく、「より望ましい姿」へと導くには、先生自身がどのように指導を工夫すればいいのか、前向きに考えていきましょう。

➕ プラス ワンポイント！

先生の学校にも、必ず「うまくいっているクラス」があることでしょう。「なぜ、あのクラスは…」と少しでも思ったら、そのクラスの先生をよく観察してみることをおすすめします。できれば「なぜ？」をどんどん質問してみましょう。

③ 「今はしかたがない」と視点を変えてみる

態度の悪い子どもがいると、その子が気になって
しかたがありません。そうなると、「ちゃんとし
ている子」が見えなくなってしまいます。

◆ 「どうにもならないこと」にとらわれない

多くの先生は「ちゃんとしている子」よりも、「態度の悪い子」の方が気になりがちです。しかし、子どもの問題行動に目をうばわれ、叱ってばかりいると、「ちゃんとしている子」までが叱られたような気分となり、クラス全体の雰囲気が暗くなっていきます。

そこで、一度、子どもの悪い態度は、「しかたがない」とあきらめてみましょう。意識的に気にしないようにするのです。

人は自分の思い通りには動かないものです。しかし、多くの先生は、無意識に何とかして子どもを自分の思い通りに動かしたい、と思っています。この「あきらめる」とは、「どうにもならないこと」にこだわりすぎていた自分に気付くきっかけとなるのです。

◆ 「いいところ探し」で心が楽になる

態度の悪い子どもについては、「今はしかたがないことだ」と受け入れます。そして、視野をクラス全体に広げてみてください。

そこには、必ず「ちゃんとしている子ども」がいるはずです。今まで気付かなかった「ちゃんとしている子ども」が「ここにもいる、あそこにもいるじゃないか」ということに気付くはずです。

このように、「どうにもならないこと」へのこだわりを捨ててみ

ると、クラスの中の良いところに目を向けられるようになります。
　実際に試してみるとわかるのですが、子どもの良さがどんどん目に入ってくるようになります。なぜなら、先生の視点が、「他にも子どもたちができている点、もっと良い点があるんじゃないか」というものに切り替わるからです。
　クラスの「いいところ探し」を意図的に行ってみましょう。例えば、「今、ポケットにハンカチが入っている人」といったことでもよいのです。必ず子どもたちから、「ハイ！」「ハイ！」と声があがるはずです。「ちゃんとしている子」の存在を確認できると、先生の心は楽になっていきます。

プラス ワンポイント！

　先生のクラスの子どもたちは、こわばった表情をしていませんか？　ちゃんとしている子たちの存在に気が付き、気持ちが楽になってくると、先生の表情は明るさを取り戻し、子どもたちの表情も次第に和やかになっていきます。

④ 子どもを「子ども」として見る

「そんなのあたり前じゃないか！」と思うかもしれませんが、実は、ちゃんと子どもを「子ども」として見ることができる先生は意外に少ないのです。

◆子どもにイライラする原因

子どもに対して怒りが込み上げてくる、ということの裏には「期待する子どもの姿」があります。

先生の怒りやイライラの原因は、子どもを「子ども」として大らかに見てあげられないことにあるかもしれません。

先生のなかで「期待する姿」＝「できていてあたり前の姿」になってはいないでしょうか？

ここで、大人と子どもの違いを改めて考えてみましょう。

○大人は感情の起伏をコントロールして冷静に対応できる。

⇒だけど、子どもは喜怒哀楽といった感情を優先する。

○大人は社会常識で判断ができ、ルールを尊重して行動する。

⇒だけど、子どもは自分を基準に物事を判断して行動する。

○大人は周囲の人と協調して物事に取り組める。

⇒だけど、子どもは自己中心的に物事をとらえる。

本来、子どもは、じっとしていられず、うるさくて、言うことをきかない未熟な存在です。子どもは些細なことで泣いたり、わがままを言ったりするものです。「できなくてあたり前」なのが、「子ども」なのです。

◆ゆったりと構えていれば冷静に対処できる

　なんといっても「子ども」ですから、大小さまざまな問題を必ず引き起こします。そういう時に「子どもだからできなくて当然だ」「問題を起こすものだ」と、ゆったり構えていれば、冷静な対処ができるようになります。

　子どもは急に大人にはなれません。行動もすぐに改まらないかもしれません。そんな時は、「この指導法でもダメか、それなら…」と、前向きに新たな一手を考えるのです。子どもを「子ども」として見ることができれば、日々のイライラが軽減され、先生の指導スタイルも変わってくるはずです。

プラス ワンポイント！

先生が子どもをしっかりと「子ども扱い」することで、一時の感情で衝突することがなくなります。すると、子どもたちとの関係も良い方向へ変わっていきます。

⑤ 今の指導法を常に問い直す

子どもへの指導とは、「今より望ましい姿に、子どもを変えること」です。先生は、そのために指導法を模索し続けるのです。

◆「成果のない指導法」をくり返さない

　子どもの問題行動に対して、ともすると多くの先生は行動を改めさせようとして「強い指導」を取りがちです。「強い指導」とは、「正しさ」を上から押さえつける指導法と言ってもよいでしょう。

　先生は、「いけないことはいけない」「誤りは改めさせなくてはならない」と、自分の指導の正当性と教師としての責任を背負っているので、どうしても「強い指導」になってしまうのです。

　しかしながら、多くの場合、「強い指導」は子どもの反発を買ってしまい、子どもとの関係を悪くしていきます。少しでも指導に行き詰まりを感じたら、「成果のない指導法」をくり返しているのではないか、と振り返りましょう。「自分の今の指導法が子どもにあっていないこと」を自覚し、「どのように指導したら良いのだろうか」と謙虚に指導法を模索することが大切です。

◆子どもが受け入れる指導法を模索する

　私は、「子どもが反発することなく受け入れるには？」「子どもと良い関係をつくるには？」という視点から、指導法を模索するようにしています。そう考えるようになってから、あきらかに指導の質が変わりました。叱る指導ではなく、子どもの良さを探す指導に変

わっていきました。

　問題が起こった時には、「子どもと良い関係をつくるチャンスだ」ととらえ、そのための指導をします。また、子どもの良さは、見逃さずに「良いことだよ」と教えます。子どもの良い行いに肯定的な注目を与え、それを自覚させるようにするのです。子どもは自分自身の良さに気付くと、どんどん良い行いを増やそうとします。

　もちろん、時には「強い指導」も必要です。しかし、「強い指導」の本当の効果は、子どもが「○○先生が怒っているのだから、自分は本当に悪いことをしてしまったんだ」と思えるような信頼関係を築いてから得られるものです。

プラス ワンポイント！

子どもが伸びる「答え」は子どものなかにあります。子どもを肯定的に見ることでそれが見えてきます。先生の役割は、子どもが自ら「答え」を引き出せるようにサポートすることです。

子どもの気持ちをくみ取る…❶
あえて、子どもと戦う
―「先生の勝ち！」

　朝の健康観察や授業中に呼名した時、すぐに返事をしない子どもがいます。そんな時は、「返事は？」と問い詰めたり、「居ないのか？」と皮肉を言ったりして返事を促してはいませんか？
　先生には悪気がなくても、「嫌味な先生だな」、「みんなの前で恥をかかされた」と子どもの心が離れていきます。
　こういった時、私はあえて「子どもと戦う」ということもします。ただし、ぶつからない戦い方です。
　私が「A君」と呼んで返事に間があると、「はい、元気です」と私が元気よく答えます。私が呼び、私が子どもの代わりに応えるのです。
　すると、子どもはちょっと戸惑います。そこに、間髪を入れずに、「先生の勝ち～！」といたずらっぽく言います。
　それを聞いていた友だちはほほ笑みます。それと同時に緊張が走ります。次に呼名されるのはB君です。B君を見ると、「先生よりも先に返事をするぞ」と身構えています。
「B君」と呼名すると、それが終わるか終わらないうちに、「はい、元気です！」という返事が返ってきます。
　私は、「B君の勝ち！　先生の負け」と親指を立てて讃えます。なかには、呼名される前に返事をする子どもがいます。そんな時には、「フライング！先生の勝ち」と野球の「アウト」のポーズをします。

第2章

子どもが素直に
受け入れる!

「ぶつからない」「戦わない」叱り方

叱ることは、体力をつかいます。叱っても改まらない子どもの言動に、イライラは募るばかりでしょう。そんなストレスをできるだけ回避し、いつも冷静に指導できる方法を紹介します。

① 絶対に見逃せないことを叱る

子どもの問題行動の軽重に関わらず、どんなことでも一本調子で叱っている先生がいます。子どもには「いつも怒っている先生」と映ります。

◆厳守させる柱を決める

　子どもはやはり「子ども」ですから、小さなことから大きなことまで、何かしらの問題行動をとるものです。しかし、そのすべてを改善させようと躍起になって叱っても、先生の心労は募り、良い指導も、良い結果も生まれません。

　そこで、「これだけは絶対に見逃せないぞ」という先生のルールを決めておきます。それにより、「ぶれない叱り方」が身に付きます。

　私の場合、「丁寧さに欠ける行為」と「心身を傷つける行為」だけは、絶対にそのままにしておきません。

　例えば、「物を投げない」と口を酸っぱくして言い続けています。ゴミをゴミ箱に入れる時も「捨てる」ではなく、「置きなさい」と言っています。「捨てる」だとポイと投げ入れますが、「置きなさい」なら丁寧に入れることになるからです。

　また、子どもたちは安易に「死ね」と言います。そんな時は、「今、何と言った！ 『死ね』と言ったね」と間髪を入れずに聞きます。子どもがそのことを認めたら、「『死ね』と言いたいほど、嫌な気持ちだったの？」と尋ね、「泣きたいくらい悔しい」などの別の言葉で言い直しをさせるようにしています。

◆叱らない代わりに他の手だてを考える

　ここで誤解しないで欲しいのが、その他の問題をそのまま放置しておいてよいということではありません。

　その他の問題は、先生にとって、「絶対に見逃せない」わけではないので、「指導法を工夫して、いずれ行動を改められるようにしよう」と、ある程度の長いスパンで「叱らない指導」を考えるようにします。

　何についても一本調子で叱るのではなく、「ここぞ！」という時に、叱るようにすれば、メリハリができてその効果はぐっと高まります。

プラス ワンポイント！

「見逃せない」ことの見極めは、本質的・根本的な問題なのかどうかを柱とします。子どもたちが起こす日常的な問題を掘り下げていくと、根っこの部分がみえてくるはずです。

② 叱る時は 体を弛める

叱り始めた時の先生の体は力が入っています。力みは「叱りスイッチ」を何度も押し、ついには怒りを呼んでしまいます。

◆緊張が負の感情を呼び起こす

問題行動は予期せぬ時に起こり、子どもは先生の想定外の態度をとります。思わず先生の口調は速くなり、語気も強くなります。「叱り」がいつの間にか「怒り」に変わり始めます。

そんな時、先生は肩を吊り上げ、拳を握り締めてはいませんか？人指し指で何度も子どもを指し、睨みつけてはいないでしょうか？

この体の動きは緊張している時の反応と同じです。緊張すると体に力が入ります。怒りは次の怒りを呼び、体をますます緊張させるので、冷静な判断ができなくなってしまいます。

◆体をリラックスさせる工夫を

体と心は密接な関係にあります。負の感情は体を力ませ、前向きな感情は体をリラックスさせてくれます。

そこで、叱る時には、体を弛めてリラックスさせてから叱るようにするとよいでしょう。

叱る前に沈黙の間をつくると、高ぶる感情を抑える効果があるといわれています。6秒の「間」をとってみましょう。この間を意識するとゆっくりとした呼吸になります。実際にやってみると、6秒間でも結構長い時間に感じます。

私は、その６秒間に口をすぼめ、軽く・長く息を吐き、胸の筋肉を落とすようなイメージで実践しています。息を吐くことで体の力みが抜けていきます。そして、目を細めて子どもの後ろにある景色を見ます。

　最初の頃は、ひたすら６秒間を我慢していましたが、ある時、「こう言ったら、この子はこう返してくるだろうな」と分析し、その後のストーリーを思い描いている自分に気が付きました。

　そして、自分の思い描いたストーリー通りに子どもが反応すると、愛おしくさえ思えてきます。この「６秒間」のおかげで、叱ることへのこだわりや執着が薄れ、冷静に対処できるようになりました。

プラス ワンポイント！

６秒の「間」は、子どもからすれば、「何を言われるのだろう」と戦々恐々として、先生の言葉を待つ時間になります。空白の時間が無言の叱りともなるのです。まさに「沈黙は金」です。

③ 事実確認だけを優先する

感情的にならず、事実確認だけをするように心がけると、指導がぶれなくなり、子どもは素直に先生の言葉を受け入れるようになります。

◆「便乗叱り」の弊害

　子どもを叱っている時に、「そういえば、あの時も…」と別のことを引き合いに出してしまったり、「いつもそうなんだから…」と過去のことを蒸し返してしまったという経験はありませんか？

　私はこれを「便乗叱り」と呼んでいます。便乗叱りをすると、叱るというアクセルを強く踏み、冷静さを失って、「怒り」の感情だけがどんどん加速していきます。

　その結果、叱るポイントがぶれ、叱る時間も長くなり、子どもたちはうんざりした顔になります。それを目にした先生は、「何だ！その態度は…」とさらに叱ってしまいます。これでは、子どもの心は先生から離れていってしまうでしょう。

◆事実の確認を優先して冷静になる

　こうした事態を避けるためには、子どもが違反したことだけに注目して、事実のみを確認するように心がけることが大切です。これによって「便乗叱り」は改善されます。

　例えば、ある子が友だちを叩いている場面を目撃したとします。多くの先生は最初に、「何で叩くんだ」と、叩いた理由を聞いてしまいがちです。そうではなく、「今、A君を叩いたよね？」と、「誰

が何をした」という事実の確認だけを行います。

　子どもが「だって…」と言い訳をしようとしたら、「待ちなさい。先生が聞いているのは、叩いたかどうかです。理由は後で聞きます」と制して、事実確認だけを優先します。

　事実の確認を優先することにより、先生の頭のなかは「叩いたかどうか」ということだけになり、他の情報が入ってこなくなります。興奮していた子どもも落ち着きを取り戻し、冷静に自分の行動を振り返ることができるようになります。

　このように、事実の確認をした後で、「どちらが先に叩いたのですか？」といったようにトラブルの原因を聞き、解決に導きます。

＋プラス　ワンポイント！

事実確認を優先することで、先生の口調は淡々としたものになり、表情も穏やかになります。感情的にならなければ、冷静な判断ができるのです。

④ 子どもの言い分を受け入れる

子どもの問題行動だけに注目すると、指導すべきことを見誤ります。問題行動に至った理由に注目することで適切な対応ができるようになります。

◆子どもにも「やむにやまれぬ事情」がある

子どもの問題行動は良くないことですが、そうせざるを得なかった子どもなりの「やむにやまれぬ事情」があったのかもしれません。

そのことに気を配れるようになると、「問題行動はとにかく悪い」という上から目線ではなく、共感的な理解ができるようになります。

◆問題行動の背景を探ることが大切

ある時、「Aさんに叩かれた！」と子どもが泣きながら訴えてきました。怪我をしている様子はありません。

こういう場合、多くの先生は「叩いた＝暴力を振るった」ことだけに注目してしまいがちです。そうなると、意識が叱ることだけに集中してしまい、Aさんへの説教が始まります。

そこで先生は、まず、事実関係（叩いたこと）を確認した後に、「どうして叩いたの？」とAさんに事情を聞きます。すると、Aさんは「悪口を言われて、『やめて』と言ったけど、やめてくれないから叩いた」と、下を向いて話し始めます。

この時も「暴力はダメでしょ！」と諭したいでしょうが、ぐっとこらえて、「その気持ちもわかるなぁ」と気持ちを理解し、「それで、何回叩いたの？」と聞きます。それに対し、Aさんが「１回です」

と答えたならば、「えっ、1回！ 凄いなあ、先生なら3回は叩いただろうな。だって、『やめて』って頼んでも聞いてくれなかったんだろう」と続けます。

先生の反応にＡさんは少々困惑するかもしれませんが、こうしたやり取りから、子どもは先生の言葉を受け入れる準備を整えていきます。

最終的に、「本当はどうすればよかったか、わかるよね？」と聞くと、「口で返せばよかった」と素直に反省の弁を述べ始めます。

そして、先生が、「それでも我慢できない時は、先生に『ヘルプ』しにおいでよ」と付け加えれば、Ａさんは素直に頷くはずです。

プラス ワンポイント！

子どもの言い分を受け入れると、共感を超えて思わず同情してしまうこともあります。ただ同情し、ただ許すというわけにはいきませんが、先生のその気持ちが、その後の指導の質をまったく違うものにします。

⑤ 一方的な叱り方をやめる

問題行動を改めさせなければならない、という気持ちが強ければ強いほど、つい口調が厳しくなり、一方的な叱り方になってしまいます。

◆ 「叱られた」という思いだけが残る

保護者から、「子どもが『先生に叱られた』と言うのですが、何で叱られたのか、今後はどうすればいいのかがわからないみたいです」と言われたことがあります。

ドキッとしました。言い方はソフトですが、厳しい指摘です。私としてはきちんと今後のことも指導しているのですが、子どもには「一方的にたくさん叱られた」という思いだけが残ったようです。

これでは指導したことにはならないと反省し、子どもの行動が改まるようにするにはどうしたらよいか模索しました。

◆子どもの口から改善策を提案させる

このような経験から、私は、子どもを叱る時は、説得よりも納得させるように心がけています。

まず、「確認したいことがあるんだけど、今回のことは君が○○をしたということで間違いないですね」というように、子どもの問題行動を指摘します。まずは、先にも取りあげたように「事実確認だけを優先」します。

そして、「○○をしなければならない理由があったんだよね」と問いかけ、どうしてそんなことになったのかを考えさせて、子ども

の口から答えさせるようにします。

　次に、どうすればそれをしないですんだのかを考えさせ、そのなかで今すぐにできそうな案を１つ選ばせます。

　最後に、先生がそれを復唱し、子どもと確認します。子どもと別れる際には、「もうこれからは大丈夫だね」と声をかけ、見守っているというメッセージを送ります。

　このように、教師が伝えたいことを子どもの口から引き出すような問いかけをします。そうすれば、子どもは「自ら気付いた」ことになるので、一方的に叱りすぎることもありませんし、子どもも「たくさん叱られた」とは感じないでしょう。

➕ プラス ワンポイント!

　子どもから改善策が出てこない時には先生がいくつか提示し、そのなかから選ばせます。さらに、「途中で良い考えを思いついたら教えてね」と子どもの意見を尊重することを伝えます。

第2章　子どもが素直に受け入れる！「ぶつからない」「戦わない」叱り方

⑥ 「ハイ（うん）」と言わせてから叱る

叱られることは誰でも嫌なものです。どうしたら
先生の言葉を素直に聞いてくれるのでしょうか。
実は、叱る前の指導法にポイントがあるのです。

◆子どもが言い訳をする叱り方

　教室に図工の作品が展示してあります。テーブルの上に置かれた
作品は素晴らしいでき映えです。思わず触れたくなるのは人情です
が、それは禁止にしました。作品が壊れてしまうからです。

　そうはいっても「子ども」です。やはり、触れてしまうものです。
一人が触ると、「触れても大丈夫だ」とみんなが勝手な解釈をして
しまいます。そして、事件が起こります。ある子どもが作品を持ち
上げた途端、壊れてしまったのです。教室中が大騒ぎです。

　ここで、いきなり「触ってはいけないルールでしょう」と叱って
も、子どもは「たまたま自分が触った時に壊れただけで、運が悪か
っただけだ」と素直になれず、言い訳ばかりしてしまうものです。

◆子どもの心情を推し量った質問をする

　こういう場合、子どもが行動に至るまでの心情を想像して、それ
を指導に活かします。

　まずは、「どうしても触りたかったんだよね？」と聞くと、子ど
もは、素直に「ハイ（うん）」と答えます。次に、「でも、最初は我
慢していたんだよね？」と聞きます。子どもは、「先生は、自分の
気持ちをわかってくれる」と安心して、再び「ハイ（うん）」と答

えます。

　さらに先生は、「他の人が触っても大丈夫だったから、『壊れない』って勘違いしたんだよね」と、子どもが言い訳しそうな言葉を選んで質問します。子どもは「許してもらえるかも」と期待しながら、「ハイ（うん）」と答えます。

　と、ここまでの3回の「ハイ（うん）」で、子どもには先生の言葉を受け入れる心の態勢ができてきます。

　ここで、「それでは、ルールを破って作品に触り、壊したのは君だということを認めるね」と、初めて叱ることにします。この方法なら、4回目の「ハイ」が子どもの口から素直に出ます。

プラス ワンポイント！

子どもが行動するに至った心の動きを順番に確認していくことで、子どもは自分の気持ちを理解してくれたと思います。すると、叱っている先生を味方であると感じ、先生の言葉を素直に受けとめられるようになります。

7 褒めプラスワンで叱る

子どもは先生の言うことを聞くものだ、という前提で叱っていませんか？　いくら先生が正しくても素直になれないのが「子ども」です。

◆子どもが変わる指導法を模索する

　何度も同じようなことで叱られている子どもがいます。どのクラスにも一人はいるのではないでしょうか？　どれだけ叱ってもわかってくれないのならば、指導の方法を変えてみましょう。

　ぜひ試してみて欲しいのが、「褒めプラスワンで叱る」という指導法です。言い換えれば、叱らずに叱る方法です。人は褒められると嬉しくなり、心の扉を開き、相手の言うことを好意的に受け取ろうとします。その準備が整ったら、課題としてアドバイスを1つだけ提示します。

　この1つだけ提示するということも大事なポイントです。子どもは、あれもこれも言うと、せっかく開きかけた心の扉を再び閉じてしまいます。

◆「プラスワン」は一言アドバイス

　例えば、クラスのルールに、「学習問題は定規を使って青鉛筆で囲む」というものがあったとします。机間指導でノートを見ると、直線ではなく、ぐにゃぐにゃした線を引いている子どもがいたとしましょう。

　普段なら「定規を使って線を引く決まりだよね！」と注意し、や

り直しを指示するところですが、「おっ、ちゃんと青鉛筆を使っているね」と、まずはできている所を褒めるようにします。そして、「線が曲がっているとその線に目がいっちゃうでしょう。定規を使うと直線になって、問題の大事さがよくわかるんだよ」と付け足します。

このような言葉かけであれば、子どもは先生からの注意ではなく、アドバイスと受け取ります。

ここで、子どもが定規を使ってやり直したら、「どう？ 問題だけが目立つことがわかるでしょう」と、効果を実感させつつ、子どもが定規を使ったことを褒めます。

➕プラス ワンポイント！

それでも定規を使おうとしない子どもには、無理強いをしません。その代わり「先生が代わりに定規で囲ってあげようか」と尋ねます。すると、子どもは、「自分でできる」とかわいく反発します。

8 ことわざ・格言を引用して叱る

ことわざや格言を効果的に使うことで、先生の考えをやわらかく子どもに伝えることができます。一押しの指導法です。

◆授業の挨拶とセットで唱和する

　先人の残した言葉には、私たちの心に心地よく響くものが多くあります。ここでは、ことわざ・格言を用いて叱る方法を紹介します。

　まず、１つのことわざや格言を黒板の日付の隣に書き、朝の会・帰りの会や授業の挨拶の後に唱和するようにします。日直が、「これから、○○を始めます。礼」と挨拶をした後、「ことわざ！」と続けるのです。それを合図に、黒板の言葉をみんなで唱和します。

　翌日は、前の日のことわざ（格言）の隣に新しくもう１つ書き加え、１つの言葉につき２日間唱和することにします。３日目は前々日の言葉を消して、新しいものを書き加えます。このように、毎日２つずつ唱和することで、ことわざや格言を自然に覚えていきます。ここまでがこの実践の準備です。

◆後味よく叱れる

　では、実際にどう叱り方に活かすのでしょうか。例えば、習字の時間に子どもがふざけていて、床に墨をこぼしてしまったとします。先生は床に落ちた硯と筆を拾って、子どもに返します。子どもは、恐縮して何も言えずにいます。

　先生は、立ち去る際に、「覆水……」と呟きます。すると、まわ

りの友だちが「盆に返らず」と、自然に唱和します。

　子どもは失敗を自覚しますが、みんなの口から出たのは叱責ではなくことわざです。責められているようには感じません。やわらかい雰囲気のなか、子どもは「ごめんなさい」と素直に謝り、雑巾で床を拭き始めます。

　それを見た先生が、「過ちては改むるに……」と言うと、友だちが、「憚ること勿れ」と続けます。失敗を取り返そうとしている姿を、皆が認めていることも伝えられます。

　準備さえしっかりしておけば、先生のクラスでもこんな様子が実際に見られるはずです。

プラス ワンポイント!

深入りはしなくて大丈夫ですが、朝の会でことわざや格言の意味と使い方を簡単に説明してください。そして、日々の生活のなかで積極的に、教えたことわざや格言を引用しましょう。

9 叱られ方も 指導する

叱られることに慣れている子どもは、殊勝な顔を
してかしこまっていますが、ただ嵐が過ぎ去るの
を待っているだけかもしれません。

◆ 「事実確認」に応えない子ども

給食の配膳の時間に何度注意しても教室を走りまわっている子ど
もがいたので、廊下へ出るように厳しい口調で言いました。

そして、「さっき注意されたのに、また走っていましたね」と事
実確認から始めます。

しかし、誰も返事をしません。「先生は走っていたかどうか、聞
いているのですよ。それが事実かどうか答えなさい。どうですか？
何度注意されても走っていましたね」と続けるのですが、子どもた
ちはだんまりをきめこんでいます。

このような態度をとる子どもの多くは、叱られることに慣れてい
ます。黙って一通り叱られればことが済むだろうと考えているので
す。その態度には腹が立ちますが、ここで烈火のごとく叱っても指
導の効果は期待できません。

◆子どもの小さな変化を見逃さない

叱り続けても効果がないのであれば、別の指導法に切り替えます。
もう一度、「走っていたから、廊下に出されたんだよね」と念を押
すと、一人に変化がありました。小さく頷いたのです。

こういう小さな変化を見逃さないことが大切です。

頷いた子どもだけに向かって、すかさず「今、頷いたよね。ということは、良くないことをしていたと認めるんだね」と、問います。すると、今度は「ハイ」と小さな返事をします。そこで、「よろしい。悪いことだと自覚し、反省しているね。君の叱られ方は立派だから、許す！」と、その子だけを教室に戻します。

　残りの2人は、唖然とした顔で教室に戻る友だちの後ろ姿を見送ります。そして、あきらかに先ほどとは態度が変わり、その顔には、「先生、何か聞いて。今度はちゃんと答えるから」と書いてあります。

　子どもの要望に応え、「ところで、君たちはどうするべきなの？」と、本来のあるべき姿をイメージさせるための質問をします。

➕ プラス ワンポイント！

「叱られ方が立派」と褒めると、視線を落としていた子どもが急に「気をつけ」の姿勢になります。「その姿勢も素晴らしい」と褒め、「だから、許す！」と言って説教を終わりにすると、叱る以上に反省を促すことになります。

⑩ 謝罪の達人を つくらない

「ごめんなさい。もうしません」と素直に謝られると、許してあげたくなります。しかし、本当に反省しているかどうかを見極める必要があります。

◆ルール違反をくり返す子どもほど謝罪上手

　ルール違反をすると、すぐに「もうしません。ごめんなさい」と頭を下げる子どもがいます。先生も素直に謝罪しているのだからと、「よし、わかった」と許してしまいます。

　しかし、それでルール違反をしなくなるのかというと、そうでもありません。また、ルール違反をしてしまうのです。そういう子どもは、そのたびに謝罪の言葉を重ね、先生に許してもらうことをくり返します。

◆ルール違反に対して真剣に向き合わせる

　どうして、すぐに謝罪ができるのでしょうか。

　それは、叱られた時に真っ先に謝罪の言葉を述べれば、先生の叱る姿勢が軟化することを知っているからです。

　下手に言い訳をすれば、反省していないと見なされ、先生の機嫌が悪くなり、さらに叱られることを経験しているのです。自分の意に添わなくても、とにかく謝っておけばこの場は収まる、許してもらえると思っています。ルール違反をくり返すことで「謝罪の達人」になっていたのです。

　謝罪している子どもに「心がこもっていない。ちゃんと謝りなさ

い」とは言えませんが、このままにしておいてはいけません。

　そこで、先生は、なぜルール違反をしてしまったのか、という心情を探るようにします。「すぐに謝る姿は立派」と認めてから、「でも、どうしてルール違反してしまったのかな？」と子どもに問うのです。すると、子どもなりの言い分が出てくるはずです。先生はその言い分も受け入れ、「じゃあ、どうすれば良かったかな？」とさらに考えさせます。

　そうすることで、子どもは「とにかく謝れば許してもらえる」という安易な考えから、自分のしてしまったルール違反について真剣に向き合うようになります。

プラス ワンポイント！

　実は、謝罪の達人をつくっているのは先生かもしれません。「ごめんなさいは？」「謝りなさい！」といった言葉が、口をついて出てきてはいないでしょうか？　自身の口癖を振り返ってみましょう。

11 ときには あえて見逃す

先生が子どものルール違反をあえて見逃すことに
よって、子どもは救われた気分になり、自分から
行動を改めようとします。

◆叱ってもルール違反をくり返す子ども

　先生は、子どものルール違反を目にすると、それを間髪入れずに
叱ります。しかし、子どもは叱ったからといって、ルール違反をし
なくなるのかというと、そうではありません。残念ながらルール違
反をくり返す子も多くいます。

　叱っても効果がないのであれば、別の手立てを考える必要があり
ます。私が実践して効果があった方法の１つに、見逃す、というも
のがあります。

◆見逃すことで子どもの自律を促す

　見逃したら、味をしめて、ルール違反をくり返すのではないかと
危惧されるでしょうが、心配ご無用です。

　子どもはルール違反をしていることをわかっています。しかし、
先生に叱られると素直になれず、反抗したくなるものです。

　そこで、逆に見逃されると、「叱られなくてよかった」と安堵し
つつも、「先生は知っているのに、どうして怒らないのだろう？」
と困惑します。さらに、「このままの自分で良いのか？　それとも
改めた方が良いのか？」「友だちは自分のことをどう思っているの
だろうか？」などと、見逃すことで子どもは葛藤します。この葛藤

が自律を促すのです。

　同時に、見逃してくれたことに恩を感じます。先生に借りができたと思い、借りたものは返そうとします。そして、「もう、ルール違反はしないぞ」という気持ちになる子どもは意外と多いのです。

　とはいっても、子どもです。思っていることをいつも実行できると限りません。再びルール違反をしてしまうものですが、今度は、先生の注意を素直に聞くことができます。先生から恩を受け、借りがあるからです。恩人の前なら素直になれます。

　この実践は、ルール違反をくり返しながら子どもは成長するものだと、ゆったりと構えることがポイントです。

➕ プラス ワンポイント！

見逃すことで先生も成長します。それは、「待つ」ことを覚えるからです。「待つ」とは、子どもを信じることです。「きっとルール違反に気付き、改めてくれる」と子どもを信じれば、「待つ」ことができます。

第2章　子どもが素直に受け入れる！「ぶつからない」「戦わない」叱り方　45

12 叱ることに こだわらない

叱ることが日常化してくると、先生の思いとは裏腹に子どもの心はどんどん離れていきます。叱ることへのこだわりを捨てましょう。

◆子どもが受け入れない叱り方

　子どもは自分が間違ったことをしていると気付くと、多少の罪悪感と後ろめたさを覚えます。ですから、ルール違反が発覚すると、自分の非を認め、叱られると観念します。おそらく、子どもの頭のなかには、いつものように叱られるイメージ（口を「へ」の字に閉じ、目を見開き、鬼の形相になっている先生の顔）が浮かんでいることでしょう。

　ルール違反をしているのですから、本来なら叱る場面です。しかし、叱られると観念している様子が子どもから見てとれたならば、叱ることにこだわらずに別の指導法をとることも有効です。時には、子どもの良心を信じてみましょう。

◆間違いを叱らず、やめたことを褒める

　例えば、授業中におしゃべりをしている子どもたちがいます。先生は彼らのもとに歩いていき、隣でピタッと止まります。子どもたちは、先生の気配を感じておしゃべりをやめます。その顔には「まずい。叱られる…」と書いてあります。

　その様子を見た先生は、ルール違反を叱るのではなく、「ＯＫ」サインを出します。きっと子どもたちの顔には「？」マークがつく

でしょう。そこで、先生は、「よく気が付いたね、おしゃべりをやめられたね。偉いね！」と褒めるのです。叱られると観念していた子どもは、ほっとすると同時に、認めてくれた先生に対して、「今後は先生を裏切らないようにしよう」と思うものです。

　このように、いつも叱るだけではなく、子どもの反省を認めるという指導に変えてみることで、子どもは心を開いて先生の話を聞くようになります。そして、その後の指導も素直に受け入れられるようになっていきます。

プラス ワンポイント！

先生が「さり気なく」を意識すると、声を荒げることなく、やさしい口調になります。子どもも落ち着いて先生の話を聞けるので、自ら反省するようになります。

⑬ 心配している気持ちを伝える

些細なことでキレたり、物や人にあたったりする子どもがいます。彼らには共通していることがあります。それは、心配されたことがないのです。

◆心配して欲しいという切ない願い

些細なことでキレて、トイレのドアを拳で叩いた子どもがいました。その拳には血が滲んでいます。

普通は、「物にあたるな」と叱るところですが、治療を優先し、水で傷口を洗い、消毒をして、絆創膏を貼ってあげました。

すると、イライラしていた子どもの表情が穏やかになり、心地よさそうに甘えてきたのです。

その時に気付きました。「この子は人にあまり心配してもらったことがないんだ。やさしくして欲しいんだ」と。

そして、「君は、最近、『大丈夫？』って心配してもらったことがある？」と聞くと、「ない」と答えます。「じゃあ、心配して欲しいと思ったことはあるの？」と質問を変えると、「うん」と頷きました。

◆注意しても子どもの心に響かない

自分ができないことがあると、イラついて手にしたプリントを引きちぎったり、壁を蹴ったりするなど物にあたる子どもがいます。友だちに間違いを指摘されると逆上して友だちにあたります。

物や人にあたるのはお門違いであり、その都度、謝るように指導しますが、こういった子どもは先生の言葉を受け入れません。

悪いことをしたら叱る。先生の指導は間違ってはいません。しかし、私は、こうした「キレやすい子ども」には、すぐに注意するのではなく、まずは「何か心配なことがある？」と聞いてあげるようにしています。

　子どもはやさしくされ、守られているという安心感があると、友だちにもやさしくできるようになります。すると、次第に自分の感情を抑えられるようになっていくのです。

　キレやすい子どもには、人から大事にされることの心地よさをたくさん体験させてあげましょう。

プラス ワンポイント！

先生の接し方が変わると、まわりの友だちも、「何か心配なことがある？」と聞くようになります。すると安心感はますます高まるので、トラブルが減っていきます。

⑭ 叱るストレスを
回避する方法

叱ることが続くと、知らず知らずのうちにストレスがたまっていきます。子どもたちに代弁してもらうことで叱るストレスを回避できます。

◆子どもの発言に「カチン」とくる日々

　２学期の始業式、先生が「明日から給食が始まります」と話し始めると、「先生、給食当番はどうなるんですかー？」という声がします。この発言には「カチン」ときます。なぜなら子どもたちの手元には週予定表があり、そこには時間割や持ち物と一緒に、給食当番の名前が書いてあるからです。それを見れば誰が給食当番なのかはわかります。この週予定表は、すでに１学期から毎週配布しています。

　先生も、このような子どもの軽はずみな発言によって、「カチン」とくることは、日常茶飯事かと思います。しかし、ここで「予定表に書いてあることはわかっているでしょ！」というように、いつも叱っていては疲れてしまい、次第にストレスが蓄積していきます。

◆子どもに先生の気持ちを代弁してもらう

　叱ることでストレスを溜め込まないためには、意識的に叱ることを回避する必要があります。

　例えば、先に挙げた例の場合には、「みんなも給食当番が誰かわからないのかな？」とクラス全体に聞きます。すると、子どもたちから、「予定表に書いてあるよ！」「予定表を見ればわかるよ！」と

いう声があがります。週予定表を確認している子どもたちが、先生の気持ちを代弁してくれるのです。

　それを聞いていると、さっきまでのイライラが薄れてきます。それと同時に、「先生の気持ちを代弁してくれてありがとう」という感謝の気持ちがわいてきます。まさに、子どもに助けられたのです。

　先生は「その通り。いいことを言うね！」とにこやかに対応することができます。

　このように、しっかりしている子どもたちに助けてもらうことで、叱るストレスは回避できます。そして、子どもとの信頼関係も高まり、クラスの雰囲気も良くなっていくのです。

プラス ワンポイント！

代弁は、子どもからの共感の言葉に聞こえます。先生は、「ああ、たくさんの子どもたちが、自分に共感してくれるんだ」と、穏やかな気持ちになります。

⑮ ちゃんとしている子にこそ注目する

どんな時でもちゃんとしている子どもは必ずいます。この子どもたちはあたり前のことがあたり前にできているのに、認められる機会がありません。

◆できていないことばかりに注目してしまう

新学期になって掃除が始まる日のことです。三角巾を持ってきた子どもを確認すると、なんとクラスの半分しかいません。さらに、冬休みに借りた本をちゃんと持ってきて、返却できた子は、クラスの４割しかいませんでした。この日は、泣きたくなるほど忘れ物が多い一日でした。

こんな時、先生はどんな対応をしているでしょうか。ひょっとすると、子どもたちの至らなさにカッとなって、「三角巾を忘れた人は立ちなさい！　たるんでいる証拠です‼」などと叱って、できていないことばかりに注目しているのではないでしょうか？

◆怒りたくなった時こそ自分を戒める

私は、怒りたい気持ちを抑えて、「三角巾を持ってきた人は立ちなさい。そして、連絡帳に『三角巾を持ってきた』と書きなさい。『持ってきて偉い』って書いてもいいです。書けた人は先生のところまで持ってきなさい」と指示します。

そして、「すごい！」「ばっちり！」「OK！」「GOOD！」などのシールの中から一枚選んで連絡帳に貼ります。もらった子どもは得意満面な顔でシールを見ます。

三角巾を持ってくるのはあたり前ですが、このあたり前のことをしっかりと守っている子どもが必ずいます。しかし、先生は三角巾を持ってこない子どもばかりに目がいき、叱ってしまうのです。そうなると、いつまでたってもちゃんとできている子どもたちは認められずじまいです。

　問題行動を起こす子を目にして怒りたくなったり、腹が立ったりした時ほど、意識的に良い子・ちゃんとしている子に注目し、褒めるようにしてみましょう。

＋プラス ワンポイント!

時には、あたり前のことがきちんとできる子に「どうしてちゃんとできるの?」と聞いてみてはどうでしょうか。子どもは自分の頑張りを再認識でき、「今のままでいいのだ」という安心感を持てます。

子どもの気持ちをくみ取る…❷
だまされてやることも大事

「宿題をやったのですが、家に忘れました」と言う子どもがいます。
　子どもの表情で本当に宿題をやったのか、そうでないのか見当がつきます。目が泳いでいるところを見ると、おそらくやっていないのでしょう。
　しかし、私はあえて子どもの言うことを受け入れます。
「わかった。じゃあ、明日、持ってきてね」
　子どもは叱られなかったので、安堵したように、「はい」と返事をします。私のもとを去ろうとした時、子どもを呼び止めて聞きます。
「ところで何番の問題が難しかった？」
　子どもの体が一瞬固まります。その態度から宿題を自宅に忘れたのではなく、やっていなかったことを確信しました。しかし、「嘘をつくんじゃない」と問い詰めるのではなく、あえて、だまされてやります。
「難しい問題があれば教えてあげようと思ったのだけど、その心配はしなくてもいいみたいだね。とにかく、明日持ってくるんだよ」
　そう言って、その場を収めます。
　子どもはバツが悪そうに自分の席に戻ります。このような言葉かけをすると、子どもは「先生は宿題をやっていないことを知っている。知っているけど、知らないふりをしてくれている」と、察するものです。すると、「先生を裏切ってはいけない」と、叱らなくても自然と態度を改めていきます。
　私は、終わったことをとやかく言うよりも、今後どうするかを考えさせることに力点を置いています。

第3章

子どもとの
信頼関係が深まる！

「気持ち」に寄りそった指導法

子どもの「気持ち」に目を向けるようにしてみましょう。子どもの心情を推し量って、褒め方や言葉かけを工夫してみます。すると、子どもはみるみる変容していきます。

① 小さな成長を認める

子どもの成長をうまく見取ることができる先生と、そうでない先生がいます。その違いはどこにあるのでしょう？

◆完璧さを求めると成長が見えなくなる

子どもが失敗や間違いをすると、それを改めさせ、できるようにさせようと指導するのですが、なかなかうまくいかず悩んでいるという先生も多いことと思います。

ここで一度、その時々のことを思い返してみてください。先生は、完成された姿、理想的な姿にこだわりすぎてはいないでしょうか？

理想を子どもに求めすぎると、なかなか子どもを認めることができず、小言や注意ばかりが多くなってしまいます。

◆結果ではなく成果を見る

そこで、子どもの「小さな成長」に光を当てるように意識を変えてみます。それによって、子どもへの評価を「結果」だけではなく、「過程」でも行えるようになります。過程における成長を認め、褒めるようにしていくのです。

例えば、1回目のテストが10点（100点満点中）で、再テストでは30点だったとします。まだまだ努力不足ではありますが、成長率に注目すると300％アップです。そのようにとらえることで、「前は10点。今回は30点。3倍も成長したね！」と、先生は「頑張り（過程）」を認めることができるようになります。

そもそも10点しか取れなかったということは苦手意識がかなりあります。嫌いなのです。それを克服して、得点がアップしたということは、その子にとってみれば大変な努力をしたのです。

　子どもは、今よりも少しだけレベルアップした課題ならば、「よし、やってみよう！」と抵抗なく挑戦する気になれます。先生がスモールステップで、無理なく努力を続けられるように仕向けることで、子どもに「成功」を経験させることができます。

　子どもの「やる気」は、成功経験を積み重ねて自身の成長を感じることで生まれるのです。

プラス ワンポイント！

「成長の秘訣は？」と先生が子どもに聞くことで、子どもは自分の努力を振り返る機会を得られます。そして、何が成功の秘訣だったのかに気付きます。これが努力のスキルとして定着します。

❷「できてあたり前」を褒める

いつも叱られている子どもには、何か1つでも褒めるところを見つけて、その心地よさを実感させることが大切です。

◆何度叱っても態度が改まらない

叱られる子どもは、実にいろいろなことをやってくれます。

掃除の時間は、箒をバットに見立てて振り回します。

授業中は、姿勢が悪く腕組みをしてふんぞり返っています。

筆箱の中は、空っぽで隣の子どもから消しゴムや鉛筆を借ります。

ノートに書かれた文字は、グチャグチャで何を書いているのかわかりません。

そんな態度を改めて欲しいという先生の願いは虚しく、子どもは毎日叱られるようなことをして、態度は改まりません。先生の心も疲れてしまいます。

◆褒められる心地よさを感じさせる

しかし、いくら叱られることが多い子どもであっても、心の内では「成長したい」と願っています。「褒められたい」「良い子になりたい」と願っているのです。その願いを叶えてあげてください。

叱られることが多い子どもは、できてあたり前のことがなかなかできません。そこで、あたり前のことができた時に褒めるようにするのです。「遅刻せずに登校した」「次の授業の準備をした」「給食を完食した」など何でもOKです。

「おっ、いつもより２分早いね！」（登校時間）
「しっかりできているじゃない。立派！」（授業準備）
「すごい！　今日は○○も食べられたんだ」（給食完食）
　というように、子どもなりに「できた」ことに注目して、褒めていきます。それならば、褒めることは無数にあります。
　いつも叱られてばかりの子どもが、このように褒められると、その心地よさを実感して、褒められるようなことを進んでするようになっていきます。

➕プラス　ワンポイント！

あたり前のことを褒めるようにすることで、先生のなかにも変化が生まれます。次第に、「この子は良い子になる」と確信し、「良い子にしてみせる」とファイトが湧いてくるようになります。

③ 意図的に「ありがとう場面」をつくる

たびたび叱られる子どもに、一度「ダメな子」というレッテルを貼ると、その子どもの良さが見えなくなってしまいます。

◆叱るから「ダメな子」と刷り込まれる

先生から叱られている子の顔を思い浮かべてみてください。特定の子の顔ばかり浮かんでいませんか？　先生の心情は、「またか」「何回同じことを言わせるんだろう」「今度はこれか。いろいろやってくれるね」といったところでしょうか。手がかかる子の場合は、ちょっとしたことでもすぐに目に留まり、叱ってしまうものです。

その結果、ますます「この子は、手がかかる子だ」と、先生の頭に刷り込まれていきます。

◆褒められる機会を意図的に用意する

そこで、手がかかる子だという烙印を押さないように心がけることが大切です。そのための方法として、先生が子どもに「ありがとう」とお礼を言えるような場面（おねがいごと）を意図的につくる、というものがあります。

「ありがとう」を口にすると、これまで「ダメな子」としか見られなかった子どもを好意的にとらえることができ、「良い子」として見られるようになっていくのです。

始めのうちは、「最後に教室を出てきて、電気を消してくれる？」などといった子どもにとって簡単なことから頼みます。スイッチを

押す音がし、教室が暗くなります。仕事をしてくれたことがわかります。そこで先生は「ありがとう。おかげで節電になったよ」とお礼が言えます。

次は、レベルを少し上げて、おつかいを頼みます。「終わったら声をかけてね」と言葉を添えて送り出します。しばらくすると「行ってきました」と子どもが戻ってきます。報告を聞いた先生は、「ありがとう、〇〇さん」と感謝の言葉を伝えます。

こうしたことの繰り返しで、先生の子どもへの認識が変わり、手がかかる子というレッテルが自然とはがれていきます。

プラス ワンポイント！

先生にいつも叱られている子どもは、友だちからも「手がかかる子」と思われています。先生から褒められることが多くなると、「最近、良い子になったね」と友だちからの評価も変わります。

④ 3ステップで褒める

子どもが「良いこと」をした際、その良さに気が付き、継続できるようにするためには、先生の褒め方が重要になります。

◆「1つ」では続けられない

　子どもの良い行いを褒めても、それが長続きしないことがあります。「褒め方が子どもの心に響かなかったのかなぁ」と先生は悩んでしまいます。

　そうではありません。先生が「1つ」だけしか褒めなかったからそうなったのです。「良いこと」は3ステップで褒めてみましょう。

◆過程・結果・貢献

　その3ステップとは、①取り組んでいる過程、②取り組んだ結果、③周囲への貢献です。例えば、掃除の場面を例にみてみましょう。

①取り組んでいる過程

　床を雑巾で拭いている子どもに、「拭いた跡が重なるように拭いているんだね。教えた通りにやってくれて嬉しいなぁ」と言います。教えたやり方を素直に受け入れていたことに対して、嬉しいといった気持ちを伝えただけですが、それを子どもは褒められたと感じます。

②取り組んだ結果

　お礼を言った後、二人でしゃがみ、拭いた跡を指差しながら、「ほ

ら、重ねて拭くと、拭き残しがなくなるよね。綺麗になったね」と拭いた成果を一緒に確認して褒めます。先生が子どもの行為を認め、褒めることで自分の行為の良さに気付きます。

③周囲への貢献

　先生はしゃがんだまま「君が拭いた跡は綺麗だね。君のお蔭で教室が綺麗になるね。綺麗になると気持ちがいいね」と子どもの行為が周囲の人を幸せにすることを伝えます。自分の良さに気付くだけでも子どもは向上心を持ちますが、そこに他人からの承認があると、もっともっと良いことを続けようという気持ちになるものです。

プラス ワンポイント！

　3つのなかで周囲への貢献が特に重要です。人の役に立つことで自分の存在価値を自覚できます。人を幸せにしていると思うと自分も幸せな気分になり、それを続けようとします。

⑤ 行動の価値に気付かせる

子どもたちは、自分があたり前にできていることについて意識していません。その価値に気付かせてあげるのも先生の仕事です。

◆ただ褒めるだけでOK？

掃除の時間、ある子どもが、床を撫でるように掃き、自分のおへその前でピタッと箒を止めています。

それを見た先生は、「○○さん、箒の扱いが上手だね」と声をかけて褒めます。しかしながら、褒められた子どもは「？」と首をひねっています。褒められたことは嬉しいのですが、無意識に掃いていたので、自分の何が良いのかがわからないからです。また、床を雑巾で拭いていた子どもたちは下を向いたままなので、先生が誰をどんなことで褒めたのか気付くことはありません。

そんな状況に気付かない先生は、褒めたことに満足して、他の掃除場所の指導を行うため、教室を後にします。

◆褒めたら、その価値まで教える

このような子どもの素晴らしい姿を見かけた時には、ただ褒めるだけでなく、その価値をわからせてあげましょう。

掃除をしている子どもたちを集合させ、上手に掃いている子どもに見本を見せてもらいます。それを見ながら先生は、「見てごらん。この掃き方だと、まったくゴミが舞い上がらないでしょう」と、その価値について解説を加えます。子どもたちは正しいやり方がわか

り、そのやり方がなぜ素晴らしいのかという価値までわかります。

　先生が「見本を見せてくれてありがとう」とお礼を言うと、自然に拍手が起こり、気分良く掃除の再開です。

　もう一人の箒担当の子どもは早速掃き方を真似します。そんな姿を先生は、「いいね。良いことはすぐに取り入れるという前向きな姿勢が素晴らしい」とすかさず褒めます。

　40人のクラスで一人1つの良さを集めると、40の成長をシェアできます。これが集団の良さです。このような積み重ねが良いクラスをつくっていくのです。

プラス ワンポイント！

　良いことを無意識のうちに行っている子は意外と多いのです。「それって、〇〇だね」と先生が価値に気付かせることで、良いことを自覚して行えるようになります。

⑥ 学校の生活目標を活用する

生活目標というと守らなければならない、という
重たい存在ですが、自分の成長を確かめる道標と
とらえるとイメージが変わってきませんか？

◆子どもが持つ生活目標のマイナスイメージ

　子どもにとって、生活目標はどんな存在なのでしょうか。おそらく、守らなければならないルール、自分の行動を縛るルールだと思っています。

　どうして、子どもたちは生活目標についてそんなマイナスイメージを持っているのでしょうか。それは先生が生活目標を大義名分にして、指導しているからです。

　生活目標は叱られるために存在するもの。できれば、そんなものはなければいいのにと子どもたちは思っていることでしょう。

◆生活目標は成長の道標

　しかし、本来、生活目標は子どもたちが安心して学校生活を送れるようにとつくられたものです。「こんな人間に育って欲しい」「こんな行動を身に付けて欲しい」という教師の願いや期待を表したものでもあります。子どもたちを守ってくれるありがたいお守りのようなものなのです。

　それでは、生活目標の本来の価値を活かすためには、どうしたらいいのでしょうか。

　それは、子どもを叱る時ではなく、褒める時に生活目標を使うよ

うにすればよいのです。

　例えば、「ほら、こんなに早く給食を始められるね。これは、給食当番がてきぱきと配膳をし、みんなも静かに待っていてくれたからだね。今月の生活目標は『時間を守ろう』だけど、それを達成できたね」といった具合です。

　褒め言葉として生活目標を示すことで、子どもたちにとって生活目標が良いことをするための道標となり、意識して守ろうとするようになります。

プラス ワンポイント！

生活目標を常に意識させることも大切です。課題を見つけ、原因を追及し、対策を立てます。「時間を守ろう」であれば、「どんな時に守れないか」「どうして守れないか」「どうすれば守れるようになるか」をくり返し考えさせましょう。

⑦ 心の感度を高める

正しいもの、美しいものを見せることによって、
心の感度は高まり、ダメなものはダメという見方
が育っていきます。

◆心の感度は行動に表れる

心の感度。それは、相手の立場を自分の立場に置きかえ、思いや
願いを察する力のことです。

感度が高い子どもにも低い子どもにも共通していることがありま
す。それは、「見えている」ことです。違いは、その後の行動です。

例えば、床に物が落ちている場合です。感度が低い子どもはそれ
を跨いでいきます。

感度が少し高い子どもは、それを拾って、「落とし物箱」に入れ
たり、「先生、落ちていました」と持って来たりします。

感度が高い子どもは、記名を見て、持ち主に「落ちていたよ」と
届けます。感度の高さは行動に表れるのです。

◆本物を見せ続けると心の感度が上がる

では、感度を上げるにはどうすればいいのでしょうか。

質屋などの人材育成では本物だけを見せ続けることで、偽物がわ
かるようにするそうです。

子どもたちへの指導も同じです。美しさを知ると、それを維持し
ようとします。形が崩れると、元の状態に戻そうとするのです。

先ほどの落とし物の例なら、まずは教室の床を、いつも何も物が

落ちていない美しい状態に保つようにしましょう。すると、物が落ちている状態は美しくないと違和感を覚え、拾うようになります。

また、名前が書いてあるのなら、本人に渡してあげるのが親切だということを話しておきます。本人は物をなくしたと思って困っていることでしょう。そんな時に、届けてもらえれば、ありがたく思えます。教室を綺麗にすることができ、しかも、友だちからも感謝されることで心の感度が高まります。

心の感度が高くなると、美しいものを美しいと感じ、行動も美しくなります。

プラス ワンポイント！

心の感度が高まっていることに子どもは気付きません。そこで、美しい状態の教室と、そうでない教室の写真を掲示してみましょう。「美しい」と思う気持ちに、子どもは自らの心の成長を感じるはずです。

第3章 子どもとの信頼関係が深まる！「気持ち」に寄りそった指導法

⑧ 実感させて わからせる

「○○しなさい」で子どもが動けば楽ですが、実際にはそうはいきません。わかっていても、私たちは言葉の指導に頼ってしまいがちです。

◆「○○しましょう！」では動かない

子どもの生活指導で、「○○しましょう！」といくら呼びかけても、なかなか行動は改まらないものです。

例えば、「手洗いうがいをしっかり行いましょう」も、その１つです。なぜ行動が改まらないかといえば、本当にその必要性を実感していないからです。外から帰った後の手は雑菌などで汚れているのですが、見た目にはわかりません。だから子どもは「汚い」と実感できないのです。

本当に「汚れている」と実感し、手を洗う必要性を感じれば、子どもの行動は必ず変化します。

◆見える変化が一番効果的

朝、学校へ出勤する前に、おろしたての白い手袋を左手にだけはめます。登校してきた子どもたちは、「先生、なんで片方の手だけに手袋をしているんですか？」と、興味津々です。先生は「あとのお楽しみ」と言って、朝自習に取りかからせます。

朝自習が終わる頃には、すでに汚れが目に飛び込んできます。手の甲は白いのですが、手のひら、特に指の腹の部分が黒いのです。それに対して、手袋をしていない右手に汚れは見えません。

朝の会の時に、「先生は今日の朝、家を出る前に新品の手袋を左手にはめてきました。家を出てから今まで普段通りにしていました」と、子どもたちに左右両方の手を見せて、比較させます。

　子どもたちは、「手袋が黒く汚れている！」と、その汚さを目のあたりにします。また、一見しただけでは、右手は汚れているように見えないことにも気が付きます。

　そこで、先生が「手は思っている以上に汚れているのがわかりますね」と、手洗いの大切さについて話すと、子どもたちも手洗いを普段よりしっかりするようになります。

　このように、子どもに実感させる指導法を色々を工夫してみましょう。

プラス ワンポイント！

　濡らしてギュッと絞ったティッシュで、机を拭いたこともあります。雑巾で拭いても汚れが目立ちませんが、ティッシュで拭くと真っ黒になり、その汚れに子どもは仰天するほどです。

⑨ やり方を押しつけない

人は誰でも何かを押しつけられることを嫌がるものです。子どもたちも同じです。「押しつけられた」という気持ちにさせない指導の工夫も必要です。

◆教えた通りにできるまでやらせる弊害

持ち上がりのクラスを担任する場合に、先生と子どもたちが「やり方」の違いでぶつかってしまうことがあります。

先生には自分がこれまで培ってきたやり方があります。過去に担任したクラスでうまくいっていると、「自分の言う通りにやっていれば間違いない！」と確信し、そのやり方に固執してしまいがちです。

配膳のやり方などが典型例です。子どもたちには新しい先生のやり方がわかりません。先生が「やり方が違う！」と指導しても、すぐに改めることはできないでしょう。右往左往している子どもたちに先生は、「何回説明したらわかるんだ。こうするんだよ」と強い口調で見本を示します。

子どもたちは先生の言う通りにできないので、指摘を甘んじて受けますが、新学期早々に叱られた気分になり、嫌な気持ちになるでしょう。荒れの兆候があるクラスであれば、すぐに反感が行動になって表れることもあります。

◆子どもたちの歴史を尊重する

子どもたちとぶつからないためには、子どもたちが慣れ親しんだやり方をまずは受け入れるようにしましょう。やらせてみて改善す

べき点が見つかれば、そこで初めて先生のやり方も提案するようにします。

　配膳のやり方であれば、どんなに口出ししたくても、一度子どもたちだけでさせてみます。すべて終わったらまず、「みんなだけで考えて、準備ができたね。素晴らしい」と、子どもなりにやりきったことを褒めましょう。その後で「小さいおかずの配り方は、こうしてみると早く済むんじゃないかな」などと「提案」するのです。

　自分たちのやり方を尊重してくれた先生の意見なら、子どもたちは素直に受け入れることができます。

プラス ワンポイント！

　新しいクラス編制になった場合には、先生と子どもの旧クラスのやり方を週替わりで行うというやり方でもいいでしょう。それぞれの良いところを取り入れ、新しいクラスのやり方を確立していきます。

⑩ 指示を出しすぎない

最近の子どもは「指示待ち族」だと嘆く声を耳にします。しかし、実際のところ、「指示待ち族」にしているのは先生なのではないでしょうか？

◆子どものためを思って指示を出してしまう

先生の指導の源は善意です。指示を出し過ぎる先生は、「子どもに良くしてあげたい。失敗をさせたくない」という親心から、子どもが躓く前に先回りをして障害を取り除いてあげます。

おかげで、子どもは安心して前に進むことができ、満足できる結果を得ることができます。それは先生も同様です。

ただし、満足を得、成功を収める代わりに失うものがあります。それは、子どもの自主性です。

困ったら先生が何とかしてくれると思ってしまうと、子どもたちは自分で考えることをしなくなります。

◆先生が子どもに判断を仰ぐ

指示は「出し過ぎない」ように心がけたいものです。しかし、言うのは簡単ですが、なかなかできません。

そこで、発想を逆にします。先生が、「どうしたらいいですか？」と子どもに判断を仰ぐようにするのです。そうすることで、子どもは自分の考えを持たなければいけなくなります。それが、「自ら考える子ども」を育てる土台づくりになります。

例えば、算数の時間の課題が早く終わった子どもが、「何をした

らいいですか？」と聞いてきたとしましょう。そういう時は「何ができますか？」と逆に問い返すようにします。そして、「できれば、みんなの役に立つことで何ができますか？」とクラスの友だちに貢献できることを条件とします。

　このように問えば、子どもはしばらく考えた上で、「解き方がわからない友だちに教えていいですか？」といったようなことを聞いてくるようになるでしょう。先生への指示の仰ぎ方が変わるのです。

　先生は、「では、お願いします。友だちを助けてあげてください。『ミニ・先生』をやってくれると助かります」と送り出します。

プラス ワンポイント！

積極的な指示の仰ぎ方を覚えさせ、周囲への貢献を体験させます。すると、期待される・あてにされることで自信がつき、やがて、指示がなくても自分の判断で行動してみようという主体的な子どもへと育ちます。

⑪ 困った時には頼らせる

困った気持ちを聞いてもらえると、心の重しが取れ、スッキリします。そして、内に向いていたベクトルが外に向くようになります。

◆頼ることができない子ども

自分を過信している子どもにとって、人に頼ることは自分の弱みを見せることになり、プライドが許しません。

反対に、自分に自信がない子どもは「相手に迷惑をかけてしまうのではないか」と人に頼ることを躊躇してしまいます。

その結果、一人で頑張るのですが、問題は解決されず、不安が増していきます。

確かに自立するためには自己解決できる能力が必要ですが、最初からそれを身に付けている子どもはいません。人は人に頼りながら、成長していきます。そして、子どもにとって、学校で最も頼りになる存在は先生なのです。

◆ 「頼ってもいいんだ」と思わせることから

頼るということは、相手を信頼していなければできないことです。子どもは、自分を受け入れてくれる人、そばにいて安心できる人、愛してくれる人を頼りにします。

先生は、子どもが困っている時に、「手伝ってもいい？」などと、傍で見守っているという気持ちを込めて、相手が素直になれる言葉を選んで声をかけます。

例えば、忘れ物をしたけれども、言い出せなくて困っている子や、何回やってもうまくいかなくて悩んでいる子を見かけた時など、タイミングを見計らって、声をかけます。

　まわりの目を気にする子どもの場合には、「ちょっと廊下に行こうか」と耳打ちしたり、「どうしたの？」と書いた紙をそっと渡したりして、先生と相談していることがわからないように配慮します。

　断られれば、「いつでも時間をあけるから、遠慮せずに声をかけてね」と応援する用意があることを伝えます。

　プライドが高い子であっても、自分に自信がない子であっても、「先生に頼ってもいいんだ」と思わせる指導の工夫が必要です。

➕ プラス ワンポイント！

頼ることで感謝の念を持ち、自分もあんな人になりたいという憧れを持つようになります。そして、今度は自分が頼られる存在になろうとします。

第3章　子どもとの信頼関係が深まる！「気持ち」に寄りそった指導法

⑫ 間違いや失敗を引きずらせない

間違いや失敗は、「間違ったから、わかった」「失敗したから、学べた」と、歓迎できれば教訓になります。「時間」を意識して再挑戦しましょう。

◆失敗が負の連鎖につながる

　子どもが失敗すると、先生はそれを次に生かして欲しいという思いを込めて、「失敗は誰でもある。失敗は成功のもとだから、頑張ろう！」と励まします。

　しかし、子どもは先生の期待通りに挑戦しません。なぜなら、人は本能的に失敗を回避しようとするからです。失敗したという事実は失敗を回避したいという気持ちをさらに強くさせるのです。

　奮起して再挑戦しても、「できる」という前向きな気持ちよりも、「また失敗するかも」という不安の方が大きいのです。

　それは、うまくいったことよりも、うまくいかなかったことを強く記憶してしまい、やる前から失敗している自分が脳裏をかすめてしまうからです。

◆時間にこだわる

　失敗を生かそうと前向きな気持ちにさせるためには、時間を意識させることです。

　まずは、「取り組む時間」を設定します。その時間内にできるようになれば、もっとやる気になりますが、できなくても、「時間が来たから今回は終わり」と落ち込まずにすみます。終わりがあると、

挑戦の区切りができます。

　次に、「適度に休む時間」を確保します。実は、できるようになるには、挑戦しない時間、つまり、適度な休みが大切なのです。挑戦から解放されるという気分転換が、次への意欲につながります。休んでいる間、ふとした時に挑戦していることを思い出すこともあります。この時、できるようになりたいという気持ちがアップするので、前向きに課題や改善策を考えるようになります。良い案が浮かんだら、すぐに試したくなるでしょう。

　時間を意識すると、無理なく挑戦し続けることができるので、間違いや失敗をおそれなくなります。

➕ プラス ワンポイント！

失敗をくり返すことで徐々に正しいスキルが身に付きます。本人にはその自覚がないので、次回の挑戦でいきなり、「できた！」という感激を味わえます。

第3章　子どもとの信頼関係が深まる！「気持ち」に寄りそった指導法

⑬「ガンバレ！」を言わない

励ましたつもりの子どもが、不満そうな顔をして
います。それは自分の頑張りを否定されたと感じ
たのかもしれません。

◆もうこれ以上頑張れない

　先生は「ガンバレ！」と子どもを応援します。ところが、先生の
期待に反して、子どもはやる気をなくし、頑張ることを止めてしま
うことがあります。

　先生は善意で「ガンバレ！」と声をかけているので、それに後押
しされた子どもはやる気を出すはずだと思っていたのですが、必ず
しもそうではありませんでした。

　それは、「ガンバレ！」という言葉に、「まだできるでしょう」「も
っと頑張りなさい」という叱咤が含まれているからです。自分なり
にベストを尽くしている時にそんな受け取り方をした子どもは、「も
うダメです。頑張れません」と意欲をなくしてしまうのです。

　さらに、「頑張っている僕の気も知らないで」と腹を立て、先生
に不満を持つようにさえなります。

◆「頑張り」を認める

　そこで、「ガンバレ！」ではなく、「頑張り」を認めるというよう
にします。

　その方法はとっても簡単です。「ガンバレ！」の代わりに、「頑張
っているね！」と声をかければいいのです。

この「頑張っているね！」は、「ガンバレ！」という叱咤とは違って、「いつも、頑張っているね！」という努力への評価が込められています。「きっと納得いく結果が待っているよ！」という明るい未来を見せてくれるのです。
　子どもは、今の取り組み方を認めてもらっていると感じるので、「このままでいいのだ」という確信を持てるのです。自分の頑張りを認めてくれる先生が自分の味方のように思え、親しみを覚えます。
　「頑張っているね！」という声かけは、子どもに自信を持たせ、先生との間に信頼関係を生みだします。

プラス　ワンポイント！

「頑張っているね！」には、「先生はいつも君のことを見ているよ！」という「注目」も含まれます。注目されると、期待に応えたいと思うのが子ども心です。

子どもの気持ちをくみ取る…❸
耳元でこっそり褒める

　一般的には、「叱る時は個別に、褒める時は全体の前で」と言われることが多いと思います。しかし、全体の前で褒められることに抵抗がある子どももいます。

　私は、そういった子どもに対しては、そっと本人だけにわかるよう耳元でこっそり褒めるようにしています。そうすれば、周囲の友だちを気にすることなく、子どもは先生の言葉を受け取ることができます。

　そして、二人で微笑み、二人だけの「ひみつ」というほのぼのとした空間を共有できます。

　授業中、子どものノートを見て回っている時、子どもにそっと伝えます。
「定規の引き方がうまいね」
　子どもは、にっこりし、満足そうです。
　周りの子どもは「何を話したのだろう」と興味津々です。私がその場を去ると、「ねえ、ねえ、先生は何を話したの？」と聞き始めます。振り返り、人差し指を口に当て、「ひ・み・つ」とサインします。二人だけの「ひ・み・つ」を持てたことで、子どもはさらに嬉しそうです。
　そのうち、私が机間指導でそばに来ると、「褒められる準備ができている」という態度を示します。素通りすると、私の服を引っ張って、「ひみつ」の褒め言葉を催促します。

第4章

クラスをみるみる
安定させる！

子ども同士を
つなげる指導法

子どもたちが、自分の「良さ」と友だちの「良さ」に気付くための指導の工夫が必要です。「良さ」は具体的に価値化することによって、子どもに浸透していきます。

1 自分の良さを
実感させる

自分に肯定感を持つことは大切です。人から感謝され、認められていることを実感できれば、いつでも良い自分であろうと努めます。

◆自分の良さに気付かないことの弊害

　多くの子どもは、自分の良くない部分について気にしており、自信を持てないでいます。その方が、まわりとぶつかることが減るから、良いのではないかと考える先生もいるかもしれませんが、実はこれは問題なのです。

　劣等感を抱えている子どもは、不安を抱え、臆病になりがちです。そんな子どもが、自分一人の力で自尊心を回復するのは難しいことです。したがって、先生を独り占めする、自分の話ばかりして友だちの輪の中心にいようとするなど、他人からのエネルギー・チャージに頼ることになってしまいます。これでは友だちとぶつからないどころか、嫌な思いをさせてしまうでしょう。

◆ 「ありがとう」には「ありがとう」で応える

　子どもに自分の良さを実感させるために、普段からできることがあります。私の学級では、友だちに「ありがとう」とお礼を言われたら、そのお返しとして、「どういたしまして」ではなく、「ありがとう」の言葉を返すようにしています。

　この「ありがとうのお返し」には、「自分の○○を褒めてくれたこと」と、「お礼を言われてとても良い気持ちになったこと」への

2つの感謝の意を込めるように、子どもたちには事前に話します。「ありがとう」のお返しを通して、子どもは自分の行為の良さを確認することができるようになります。そして、人の役に立っている自分を少し誇らしく感じ、自己肯定感も高まっていきます。

　自分を認めてもらえる関係の心地よさを経験すると、子どもはそこに身を置きたいと思います。自分を認めてくれる人とふれあう機会を意図的につくろうとするようになります。自分から友だちの輪に加わり、みんなに「ありがとう」と言われるような良いことをしようと行動できるようになるのです。

プラス ワンポイント！

　「ありがとうのお返し」の実践は、「ありがとう」を返した子ども、返された子どもの双方に効用があります。感謝し、感謝される機会を増やすことで、子どもは自分も他人も尊重できるようになります。

② 友だちの良いところに気付かせる

自覚した自分の長所は、相手の内にも見出すことができます。そして、見つけた友だちの良さは、どんどん口に出して伝えるよう教えましょう。

◆「褒める器」の大きさ

若いころ、通知票の行動欄の「創意工夫」に「○」をつけられないでいると、先輩に「それは君自身に『創意工夫』の視点が欠けているからだよ。君が普段から『創意工夫』していれば、子どもの『創意工夫』にも気付くことができたはずだよ」と言われたことがあります。

人は自分の器で他人を評価しています。子どもが友だちの良さを見つけることも同じです。自分が良い行いをしているという自覚があれば、他人の良い行いにも敏感に気付くことができるのです。私はこの力を、「褒める器」と呼んでいます。

◆クラスの「褒める器」を大きくしていく

私は、子どもたちの「褒める器」を大きくするために、友だち同士でお互いの良さを伝えあう機会を帰りの会に設けています。

その日の日直の良いところを班の代表がみんなの前で紹介します。「1学期は声が小さかったけど、今ではみんなに聞こえる声になりました」、「習字が上手で、いつも手本のような字を書いています」など、成長したことや特筆すべきことを挙げるのです。

褒められた日直は、「へえ、僕ってそんなことをしたんだ？」と

首を捻りますが、思わずその頬が緩みます。そして、「そんなことができてたんだっけ？」と改めて自分の良さを確かめようとします。

何気なくやっていたことの良さを指摘されることで、今後は自覚的に良いことを行うようになるのです。

すると、自分と同じような良さを友だちのなかにも感じ取れるようになります。こうして、気付いた良さをお互いに伝えあうことで、クラスが良い雰囲気になっていきます。

自分の良さを自覚することが、自分の「褒める器」を大きくし、それがひいてはクラス全体の「褒める器」を大きくすることになります。

プラス ワンポイント！

良さを伝えてくれる友だちを「理解者」として見るようになるので、何気ない行為でも好意的に解釈するようになります。その結果、普段の会話でも思いやりのあるあたたかい言葉を使うようになります。

③ 良さはクラスで シェアする

子どもたちは、自分たちの良さに気が付くことで
大きく成長していきます。先生は、その手助けを
してあげることが大切です。

◆子どもに「気付かせる」機会をつくる

子どもたちは、自分の良さや他人の良さになかなか気付くことが
できないものです。また、あたり前だと思っていることに関して、
深く注意をはらって考えることも難しいのです。

そこで、子どもたちが自分自身の良さや、他人の良さに目を向け、
気付くことができるような機会を意図的につくっていく必要があり
ます。

◆シェア＋価値化

前項の実践に似ていますが、帰りの会で、その日のうちで友だち
にしてもらったことを振り返り、「一番ありがたかったこと」を連
絡帳に書かせて、班でシェアさせるという実践も有効です。

こうすることで、自分が知らない友だちの良さを知ることができ
ます。また、「なんだ、こんなことでも書いていいのか」と、「気付
く力」も養えます。「気付く力」がついてくると、子どもは友だち
の良さをどんどん見つけられるようになっていきます。

そして、先生は班でシェアさせた後に、さらにそれをクラス全体
でシェアするために、「誰の『ありがとう』が参考になりましたか？」
と聞き、挙手した子どもを指名します。

この時に、せっかく子どもが友だちの良さに気付いたのですから、単に「○○さんが、○○してくれました」という発言にとどめておくのはもったいないことです。

　先生は、「どうしてそう思ったの？」と質問し、さらに深く切り込みます。子どもはまさか先生がそんな質問を返してくるとは予想していなかったので、もう一度、自分が推薦した理由を見つめ直して答えようとします。そして、良さの価値に触れる発言ができるようになっていきます。

　クラス全員で「友だちの良さ」をシェアすることができ、その価値に気付かせることで、クラスは一歩一歩着実に成長していきます。

➕ プラス ワンポイント！

学級懇談会や学級通信でも「一番ありがたかったこと」を紹介し、保護者ともシェアします。連絡帳を見た保護者から子どもの成長を喜ぶコメントをもらうことがあります。

第4章　クラスをみるみる安定させる！　子ども同士をつなげる指導法

④ 人のために行動 できるようにする

人に何かを「してあげたい」という気持ちは大切 ですが、人が「してほしいこと」をくみ取る力は もっと大切です。

◆相手が望んでいるかどうかの視点が必要

　算数の時間に、問題を解き終わったＡ君がノートを持ってきます。 先生が花丸をつけて、「わからない友だちに教えてあげて」と頼むと、 Ａ君は、問題を解くのに時間がかかるＢ君へ教えに行きました。

　Ａ君は一生懸命に教えるのですが、Ｂ君はなかなか理解できませ ん。Ａ君の口調は次第に厳しくなっていき、ついには、「何でわか らないの！」と怒り出してしまいました。Ｂ君のようなタイプには、 友だちではなく先生の支援が必要だったのです。

　先生の言葉かけは、Ａ君に対して「人のために行動できるように」 という指導のねらいがあってのことなのですが、教わる側の子ども の意向に配慮する視点が欠けていたと言えるでしょう。

◆子どもの行動が「友だちのため」になるように

　そこで、Ａ君に「わからない友だちに教えてあげて」と頼んだ後 に、「『ヘルプして欲しい人』って言ってごらん。君に教わりたい人 は手を挙げるから、その人を教えてあげてくれない？」というよう に付け加えるとよいでしょう。

　さらに、「『ヘルプ』してきた友だちに、どこまでわかっていて、 どこがわからないのかを確認するようにしてごらん」とアドバイス

もするようにします。

　このようにすると、「もう少しでできるようになる」という友だちが「ヘルプ」と挙手します。A君は友だちが躓いているところ、教えてほしいことを確認して説明できるので、しばらくすると友だちから「わかった！」という喜びの声が上がります。

　子どもは、友だちの「ヘルプ」に対してうまく対応できた経験から、友だちを喜ばせる心地よさを知ります。その経験を積み重ねるうちに、「友達を喜ばせるためには何をしてあげたらいいか」を考える姿勢が育まれていきます。

➕ プラス ワンポイント！

相手が望んでいることを察する力は、自分が助けてもらった経験から培われていきます。助けてもらった子どもは、友だちの「ヘルプ」にもうまく応えられるようになります。

第4章　クラスをみるみる安定させる！　子ども同士をつなげる指導法

⑤ 先生の真似をさせる

子どもは良いことも悪いことも先生の真似をします。真似をされるのなら、良いお手本になるように、先生は子どもの鏡になりましょう。

◆子どもたちの日常に先生の真似がある

「何してんのよ！　ちゃんとやりなさいよ」と、子どもが友だちの失敗を厳しく指摘します。なんだか、その言い方に聞き覚えがあります。どうやら、先生の言葉をしっかりとインプットし、真似ているようです。

　子どもにとって先生は絶対的な存在です。先生のやることは正しいと思っています。そんな先生の口調や仕草ですから、無意識のうちに受け入れてしまうのです。

◆望ましい姿を真似させる工夫を

　子どもの口調や仕草は先生の鏡です。日頃から、子どもにとって望ましい口調や仕草を心がけたいものです。

　だからといって、先生がいくら「ここを真似して欲しい」と意識的に実践していても、それを子どもが真似するかというと、そうではありません。先の例のように失敗を強い口調で指摘する場面など、できれば真似をして欲しくない部分ばかりを真似するものです。

　そこで、先生の良い部分を真似してもらうためには指導に工夫が必要となります。例えば、子どもに先生の代わりをしてもらいます。忘れものをして気まずそうにしている子どもがいれば、その子と仲

の良い友だちを呼んで、「『誰でも忘れることはある。だから、明日持ってくればいいんだよ』って励ましておいで」と耳打ちします。このようにすることで、いつ、どんな場面で、どんなことをすれば良いのかを子どもは覚えます。

　また、無意識のうちに先生の良いところを真似している時には、「もう1回言ってみて（やってみて）」と促し、「そうだよ。それがいいんだよ」と背中を押します。

　すると、子どもは良さを自覚し、安心して真似をすることができるので、しだいにクラス全体に、先生の思い描く望ましい姿が広がっていきます。

➕ プラス ワンポイント!

先生が、「それがいいんだよ」と子どもの良さを褒めていると、必ずまわりの友だちもそれを見聞きしています。すると、友だちもそれを真似て、適切な場面で、適切な言葉を使い、適切な行動をとることができるようになります。

6 違いを尊重できるようにする

人と自分の違いを認めるということは、「互いの
ありのまま」を尊重するということです。これは
人間関係の基礎となる心の持ち様です。

◆ 「比較」していると友だちを許せなくなる

　子どもは、自分と友だちの違いを受け入れられず、強い言葉で指摘したり、「何でできないの」と上から目線になったりします。自分との違いを尊重することができないのです。

　相手のありのままを受け入れることができないということは、存在を否定するということです。友だちは不愉快な気分になるので関係性を損ねることになります。

　先生が「友だちのありのままの姿、自分との違いを尊重しよう」といくら呼びかけても、子どもにとっての「違い」は序列・優劣なので、「そんな綺麗事は理想論」とばかりに聞く耳を持たないでしょう。

　子どもが自分と友だちの違いを認め、受け入れられるようになるためには、先生の指導に工夫が必要です。

◆目標の視点を変える

　子どもが相手を受け入れられないのは、「できる・できない」の「違い」に注目していることに起因しています。そこで、子どもたちが注目する視点を変えるように先生は仕向けます。

　例えば、リレーの場合は、子どもは順位にこだわりがちですが、

順位ではなく、タイムの伸びに注目させるようにします。新記録が出たら、「今日の新記録は○○チームの○分○○秒でした。おめでとうございます」と紹介します。新記録が出たチームは顔を見合わせ、ほほ笑み、互いの健闘をたたえ合います。

　子どもの目標の視点を変えることで、子どもは「違い」を責めるのではなく受け入れられるようになっていきます。

　また、例に挙げたリレーなどの運動が不得手な子どもが、係活動や勉強で力を発揮できることもあります。そのように、一人ひとりみんな違うことを尊重する姿勢を、日頃から言葉や行動で積極的に示すようにしましょう。

プラス ワンポイント！

違いを尊重できるようになると、「努力してもできないこと」に対して理解を持てるようになります。子どもたちが、友だちに対してあたたかい目を向けられるようになり、クラスの雰囲気が良くなっていきます。

⑦ 悪口の輪に入らせない

悪口を言わないようにしよう、といくら呼びかけてもなかなか難しいものです。そこで、言わないのではなく言わせないように工夫します。

◆「聞いていただけ」も悪口の仲間

悪口を言われたと先生に訴えてくる子どもがいます。こういう場合、悪口を言ったとされる子どもたちにそのことを確認すると、なかには「私は言っていません。聞いていただけです」という子どもが一人はいるものです。

本当にその場にいただけかもしれませんが、悪口を言われた子どもからは「仲間」だと思われても仕方ありません。

悪口を言っていた子どもにも指導が必要ですが、こういう「そばにいただけ」という子どもに対しても適切な指導をすることによって、「いじめ」などに発展しかねないトラブルの予防になります。

◆友だちの悪口は「だから」で返す

そのためには、悪口の輪に遭遇した際にどのようにすればよいのかを教える必要があります。ここでは、その方法の１つを紹介します。

まず、悪口の巻き添えになって困っている子どもに、「君が良い人だから、一緒に悪口を聞いてもらいたいんだよ。君なら聞いてくれると頼りにされているんだね」と伝えます。その場にいたことを責めるのではなく、肯定的な言葉をかけることで、子どもの気持ち

に余裕ができ、先生の話を聞く態勢が整います。

次に、「でも、それだけなら悪口の仲間になるし、事態が良くなることはないよね。そんな時に役立つ言葉があるんだよ。それは、『だから』だよ」と教えます。

「例えばね、勉強ができることを自慢していると悪口を言う人がいたら、『だから、わからない人に教えてあげると、みんなの頭が良くなるのにね』と言ってあげるようにするんだよ」と、「だから」の具体的な使い方を教えます。

このように、「その場にいただけ」の子どもを悪口の輪のストッパーにすることで、様々なトラブルを予防することができます。

➕ プラス ワンポイント！

「だから」の使い方を教えることで、子どもたちは改善策を考えるようになります。すると、悪口を言いあう場面が、クラスをより良くするための問題提起の場面へと変容していきます。

第4章　クラスをみるみる安定させる！　子ども同士をつなげる指導法　97

⑧ トラブルの再発を防止する

トラブルの原因をつくった子どもだけにとらわれすぎると、さらなるトラブルを引き起こす原因になりかねません。

◆原因をつくった子ばかりに目が向きがち

　子ども同士のトラブルに対応する際、原因をつくった子どもを叱ることを優先し、トラブルに巻き込まれた側の子どもは自分の席に戻すといった対応を取りがちです。席に戻った子どもは、腹を立てたままでいたり、悲しい気持ちでいたりします。友だちを許したくないとも思っているかもしれません。

　実は、こういう場合、トラブルに巻き込まれた子どものケアを優先する必要があります。なぜならば、この怒りや悲しみの感情をそのままにしておくと憎しみに変わり、それが「仕返し」という形で表れることも少なくないからです。

◆後味すっきりの指導法

　まず、原因をつくった子どもを同席させ、トラブルに巻き込まれた子どもに向けて、「どんな気持ちになったの？」と聞きます。先生がそばにいてくれるので、相手の目を気にすることなく、辛い気持ちを口にできます。

　次に、「相手に対してどうしたい？」と聞きます。ここで、自分の思いに蓋をさせず、本音を言わせます。そうすることで、怒りが徐々に収まっていきます。そして、相手を許す心の準備を整えてい

98

きます。

　最後に先生は、「この後、どうしてほしい？」と聞きます。すると、子どもは「もうちょっかいを出さないで欲しい」と友だちを横目で見ながら言います。

　トラブルの原因をつくった子どもは、このやりとりを一部始終聞いています。先生は、「それで、君はこれからどうしたらいいの？何をすべきなの？」と聞くと、「謝ります。そして、もうしません」と謝ることを選択します。

　こうして、巻き込まれた側の子どもも、心の整理が一段落することでしょう。

プラス ワンポイント！

　相手への怒りが解けた子どもに、「よく仕返しをしなかったね」と声をかけます。気持ちを悪口や暴力で発散しなかった立派な姿をその場で褒め、「良さ」を自覚させてあげましょう。

⑨ 不満を我慢させない

不満を吐き出すことには悪いイメージがありますが、ためこむ方がよっぽど問題なのです。先生が上手に話を聞いてあげることが大切です。

◆不満を我慢すると無気力になる

　子どものなかには、不満を我慢している子もいます。彼らは自分から不満に蓋をしてしまい、不満がなかったことにしようとしています。教師はそういう子どもになかなか気が付きません。

　不満は我慢すればするほどたまり、やがて爆発し、蓋を跳ね飛ばしてしまいます。

　爆発することで一時的に不満を解消できるでしょうが、今度は周囲の不満を買い、自己嫌悪に陥ります。それをくり返すうちに、心が疲れ、虚しさを感じ、やがて無気力になっていきます。

◆３分間面談で不満を聞く

　そこで、先生は子どもたちの持つ不満の捌け口となるために話を聞く時間をつくります。教室で日直の子どもと、３分間の面談を朝自習や配膳中などに行えば、順々にクラス全員の話を聞くことができます。

　休み時間は子どもが楽しみにしている時間なので、不満が出ない時間帯を選びます。また、３分間といっても、きっちり３分ということではなく、３分程度といった気軽な感じで行います。

　先生からの質問は主に３つです。「楽しいこと」「頑張っているこ

と」「困っていること」です。この質問の順番が大切です。

　まず、楽しいことを先に聞くと、面談の緊張から解放され、先生に話をしようという気になれます。

　次に頑張っていることを聞くと、自分の努力していることを話せることになるので、自分のことを知って欲しい、理解して欲しいという欲求が満たされます。ここまでくると、子どもはだんだん心を開くものです。

　最後に困っていることを聞くと、「実は…」と不満を口にします。

　先生が子どもの不満の捌け口となることで、子どもたちの心は安定するので、クラスのトラブルが減っていきます。

プラス ワンポイント！

子どもたちは質問内容や自分の番がいつ来るのかを知っているので、事前に回答を用意するようになります。深刻な不満がある時は、特別に時間を取り、別室でじっくりと話を聞きます。

COLUMN

子どもの気持ちをくみ取る…❹
子どもの良さを価値化する

　褒めると他の子どももそれを真似ようとします。
　例えば、授業の始まりの挨拶です。「Ａ君、良い姿勢だね」、Ａ君を褒めます。すると、クラスに緊張が走り、他の子どもの姿勢もピンとします。良い姿勢の子どもが増えます。
　ですから、褒めることは、
　①良い行動をしている子どもを認める。
　②良い行動を伝え、広げる。
　というのが一般的な考えです。
　しかし、褒めることは、叱ることの裏返しでもあります。「できていない人は見習いなさい」とも受け取れることを自覚しなければならないでしょう。安易に褒めてばかりいると、褒められるから「やる」、先生が見ているから「やる」ということにもなりかねません。
　ですので、私は、「良い姿勢だね」と褒める代わりに、「姿勢を正すと、脳が活性化して勉強がよくわかるそうだよ」と良い姿勢をすることの効果を伝えることもあります。
　行動の良し悪しよりも、その効果に着目させることで、「できている子は良い＝できていない子は悪い」とはならなくなります。また、褒められるから「やる」ではなく、「こういう点が良いからやる」という子どもの自発性を育てることにもなります。

第5章

子どもの
反発を生まない！

困った問題への指導の工夫

ここでは、なかなか改まらない子どもの言動に対する指導法を紹介しています。叱らずに、いかにうまく子どもを動かすかを工夫しましょう。

① 廊下を走る子の「始動」を見直す

廊下を歩いている子どもと、走ってしまう子どもの違いはどこにあるでしょうか。どうやら、「始動」から異なるようです。

◆子どもは廊下を走るもの

「廊下を走らない」というのは小学生指導における永遠のテーマではないでしょうか。

廊下を走っている子どもに「歩こうね」「廊下は走らない！」と注意をすると、その時は歩くのですが、先生の目が届かなくなると走り出します。

子どもたちにとって廊下は目的地までの「道路」なのです。外遊びのことで頭がいっぱいになっているので、走ってはいけないという認識がなくなっているのです。先生に注意されて校庭に行く時間が遅くなった分を取り戻さなくてはならないので、先生の目が離れた瞬間にまた廊下を走り出していくのです。

そんな場所で「歩こうね」と促しても、子どもの行動は変わりません。

◆教室を出る時に立ち止まらせる

「子どもは廊下を走るものだ」と認めると、子どもの心情を推し量った指導が見えてきます。

全員の子どもが廊下を走っているわけではありません。静かに歩いている子どももいます。一体どこにその違いがあるのしょうか？

104

その違いは、「始動」にあります。走っている子どもたちは、教室を出る時、いや、席を離れた時から走っています。
　この「始動」の段階で指導するのがポイントです。教室を出る前に「イチ・ニッ」と止まるようにルール化します。ここでいったん止まることによって、動きが中断するので、急ぐ気持ちがリセットされます。
　始めのうちは、教室の扉の前で「イチ・ニッ」と声に出して、しっかりと止まります。習慣化してくると、無意識のうちに出口の手前で歩みを緩め、一時停止するようになります。

プラス ワンポイント！

子どもが廊下を走る理由は急ぐからです。それなら、時間に余裕を持って行動させます。「1分早く授業を終わらせたから、急がないで大丈夫だよ」と時間があることを伝えます。

② 挨拶できない子に 「予告」する

挨拶ができる子とできない子の違いは「気付き」があるかないかです。その「気付き」には2つの種類があります。

◆目を伏せて通り過ぎる子ども

　朝、廊下を歩いていると向こうから子どもがやってきます。先生と目が合った瞬間、目を伏せてしまいます。すれ違いざまに挨拶をするのですが、反応がありません。子どもは挨拶をしないまま、通り過ぎて行きました。子どもの後ろ姿を目で追いながら、「何で挨拶をしないのだろう？」と思案してしまいます。

◆「予告」することで気付かせよう

　このように挨拶ができない子どもには、「予告」が効果的です。事前に知らせることで、次の行動に移れるようにするのです。

　子どもを確認したら先生は立ち止まるようにします。子どももそれに合わせて一瞬動きが止まり、先生の存在を確認しますが、下を向いたまま歩いて来るはずです。

　先生は、子どもを視界に入れて、再び歩き始めます。そして、挨拶をするのに丁度よい間合いを迎えたら、再び歩みを止めます。

　こうすると、子どもも立ち止まります。動いていると、その時の流れで行動します。しかし、止まることで雰囲気が変わったことに気付き、「何だろう？」とまわりに目が行きます。目の前に先生がいるので、挨拶をしなければという気になってきます。

ここで、子どもから挨拶ができればいいのですが、できそうにない場合には、先生の方から立ち止まったまま、「○○さん、おはよう」と挨拶をします。すると、それに呼応するかのように、「おはようございます」という子どもの挨拶が返ってきます。

　子どもは挨拶の有無について無自覚です。こうした実践をくり返し、自分から挨拶ができるようになったら、「挨拶ができて偉いね」と声をかけます。すると、子どもは挨拶を意識するようになります。

　挨拶ができるようにするためのポイントは、「人の存在」と「挨拶の心地よさ」の2つに気付かせることなのです。

＋プラス ワンポイント！

挨拶を声に出せない子どもがいます。そんな子どもには挨拶を無理強いしません。目が合っただけでも、「無言の挨拶」をしたと解釈し、ほほ笑みます。すると、子どもは安心でき、ほほ笑み返します。

③ 聞く態度が悪い子に「型」を教える

友だちが発表しているのですが、聞いていない子どもがいます。語気を強めて注意しても騒がしくなるばかりです。

◆聞く態度が悪い子どもは悪気がない

　授業中、友だちが発表しても私語をしている子どもたちがいます。「静かにしてください」と友だちが注意をするのですが、私語を止めません。自分たちが注意されていると思ってはいないのです。目を転じると、顔も上げずに問題を解き続けている子どもがいます。

　いずれも、悪気がないので、自分の聞く態度が悪いことを自覚していません。

　当然のことながら、先生は、「せっかく発表してくれている人に申し訳ないでしょう。発表を聞く態度が悪いですよ！」と叱ることになります。

◆聞く型を身に付けると聞けるようになる

　聞く態度が悪い子どもには２つの特徴があります。

　１つは、手に何か持っているということです。問題を解き続けている子どもは鉛筆を握っています。物思いにふけっている子どもは消しゴムを転がしています。

　そこで、発表を聞く時は、手に持っている物を置き、手を膝の上に置いたり、指を組んだりします。こうすると、手の動きが止まるので、余計な関心事に気が回らなくなります。また、姿勢も良くな

るので、発表を聞こうという気になります。

　もう1つは、体の向きです。私語をする子どもは発表者の方を向いていません。一般的には、「顔を発表者に向ける」という指導を行いますが、私は、顔だけでなく、体全体を発表者に向けさせます。その時の指示は「おへそを向けなさい」です。この指示の出し方ならば、集中する箇所がおへそだけなので、子どもでも簡単に、しっかりと正対することができます。

　正対すると目と目が合い、緊張感が生まれ、発表者の話をしっかりと聞こうという気持ちになれます。

＋プラス ワンポイント！

聞く態度が良くなると、頷きやつぶやきが出てきます。すると、発表者は、「自分の意見は受け入れられている」と安心できるので、次の発表への意欲につながります。話し手は聞き手が育てるのです。

④ 外で遊ばない子に かける「一言」の工夫

運動をすると気分が爽快になるものですが、それは経験しないことには味わえないものです。子どもが外で遊ぶきっかけをつくってあげましょう。

◆なかなか外で遊びたがらない子ども

子どもたちがなかなか外に遊びに行かない、と悩んでいる先生も多いことと思います。

寒くなると余計に子どもたちは教室にこもりがちになります。

先生は、「子どもは寒さに負けずに外で元気に遊んで欲しい」と願っています。外に出て、運動をするようになれば、健康な体をつくるだけでなく、頭も活性化されるからです。

しかし、どれだけ外で元気に体を動かして遊ぶ大切さを話して聞かせても、教室には、あいかわらず読書をしている子どもや談笑をしている子どもたちがたくさんいます。

◆とにかく外に出させる

この対策は、いたってシンプルで、「外に行こう」と言うだけです。「遊ぼう」には、「外に出る」ことと、「遊ぶ」ことの２つの意味が含まれています。

子どもにとって読書やおしゃべりは遊びです。それを止めるように言われたら、素直に「わかりました」とは言えません。

そこで、「外に出る」ことだけを促します。先生は、「散歩でもいいから、とにかく外に出てみよう。外に行くだけでいいから」と声

をかけるようにします。

　そして、「教室の電気を消して、先生も今から外へ行くから」と、自らも外へ行きます。そうすると、子どもは先生にならって行動するようになります。

　電気が消えた瞬間、教室は一気に暗くなり、寂しい気分になります。子どもたちは「しまった」という表情になり、早足で外へ向かいます。外に出た時は遊ぶつもりはなくても、遊んでいる友だちが目に入るので、何となく遊ぶ気になります。そして、「遊ぼう」と声をかけられるので、自然と遊ぶことになります。

➕ プラス ワンポイント！

　人はある場所に身を置くと、そこにふさわしい行動をとるものなのです。環境が行動を規定します。ですので、外で元気に遊ぶ子どもにするための第一歩は、外に出るだけで良しとすることです。

⑤ 挙手できない子は「頷き」で参加させる

クラスのなかには、進んで挙手することができない子どもがいます。自分の考えを持てなかったり、自信がない子どもたちです。

◆子どもは間違いたくないから挙手しない

授業中に発表する子どもが偏っていると感じた際には、「1回でも発表した人？」と子どもたちに聞いて、まだ発表ができていない子に発表を促すことがあると思います。

この言葉には、授業に参加していないという叱咤だけでなく、失敗を恐れてはいけないという鼓舞する思いが込められています。しかし、そうはいっても、自分の考えを持てない子どもや自信がない子どもは進んで挙手することができません。

◆自分の考えを持てたことを気付かせる

私は、「発表しない子どもがいてもいい」と思っています。授業中にみんなが発表していては話し合いになりません。物事には役割があります。話し手と聞き手がいるから話し合いが成立します。

挙手すること、発表することが苦手な子どもには、話し合いの立会人になってもらいます。

先生は授業中、子どもの「頭」に注目します。子どもは疑問を持つと首を捻ります。得心したら頷きます。

例えば、先生は子どもが頷いたことに気付いたら、それを見逃さず、そばに歩み寄り、「○○君。今、頷いたよね」と声をかけます。

挙手が少ない子どもは無意識に頷いていることが多いので、まずは自分がそうしていることを自覚させます。

「ハイ」と返事をしたら、「偉いね。ちゃんと『頷き参加』をしていたね」と自分の考えを持てたことを共に喜び、褒めます。

次に、「友だちの意見のどこに賛成なの？」と発言を促し、何を考えていたのかを聞いてあげます。挙手しなくても友だちの意見を聞くこと、自分の意見を持つことで先生は認めてくれるという安心感を得られます。

このように自分の考えを持つ良さを経験できると、発表しても大丈夫だという安心の基盤を獲得できます。

プラス ワンポイント！

そうはいっても、やはりクラス全員を挙手させたいものです。まずは、教室は間違うところだという指導が必要です。それでも挙手できない場合に、この指導法は有効です。

6 姿勢が悪い子に「肩ポン」「頭ポン」

「姿勢を正しなさい」と言葉で指導してもなかなか直らないものです。良い姿勢の「素晴らしさ」を実感できるように指導を工夫しましょう。

◆「肩ポン」「頭ポン」の実践

　全校集会ではいつものように、良い姿勢をしている子どもの背後から肩をポンとタッチして歩きます。背筋が伸び、膝頭をつけて体育座りをしています。タッチされると頭が天井につくのではないかと思うほど背筋が伸び、ますます良い姿勢になるのです。

　タッチされなかった子どもは友だちの変容に気付き、姿勢を改めます。先生が肩をポンとしている様子が目に入っていたようで、「そういえば、前に先生が『姿勢の良い子は肩と頭をポンとやって、褒める』と言っていた」と思い出した子どももいたようです。

　２周目は頭にタッチです。今度は１周目よりも多くの子どもにタッチできました。仕上げは全体をデジカメで記念撮影です。

　整列した時、ちゃんと並んでいる子どもを認めることで、クラス全員が行動を改めるようになります。それが、この「肩ポン」「頭ポン」の実践です。

◆教室でフィードバックする

　教室に戻って、「肩ポン」「頭ポン」のことに触れます。
「２回ポンの人はいつも良い姿勢です。素晴らしい。花丸です。」
「１回ポンの人は、『人の振り見て我が振り直せ』を実行したので

二重丸です。誰でも最初から何でもできるわけではありません。自分のことを振り返って、改めようとする気持ちが大事です」と、褒めます。

そして、全校集会で撮った写真を見せながら「見てごらん、本当にみんな素晴らしい姿勢だね」と、その良さ、美しさを実感させるようにします。

こういう指導を続けていくと、子どもは「褒められるためにやる」のではなく、「美しい姿勢、美しい列をつくりたいからやる」というように、自分自身を良くしたいという動機を持つようになります。

プラス ワンポイント！

男女問わず、触られることに不快感を抱く子どももいます。少しでも「大丈夫かな」と感じたら、触れないで済む方法に切り替えましょう。例えば、子どもに向かって指で「OK」サインを提示する方法などがあります。

⑦ 忘れ物を減らすための「ルーティン化」

物をしまう場所を決め、行動をルーティン化すると、いつの間にか忘れ物はなくなります。

◆持ち帰らせるから忘れてしまう

子どもの持ち物の用途は大きく３つに分けることができます。

①学校でも家庭でも使う物

②日常的に学校だけで使う物

③不定期に学校だけで使う物

自宅に持ち帰るから、忘れ物をするのです。②、③のような学校だけで使う物は自宅に持ち帰らず、学校保管とするだけでも忘れ物はかなり減ります。ここでは、その方法を紹介します。

◆ルーティン化で解決

名札をつけていない子どもに理由を聞くと、「家に持ち帰った」「机のなかに入れていたら、なくなった」という言葉が返ってきます。

名札の保管場所を個々に任せていると、きちんとしている子どもは自分が決めた場所にしまうのですが、そうでない子どもは日によってしまう場所が異なり、自分がどこに保管しているのかがわからなくなるのです。

そこで、「所定の場所に保管する」ようにルールを決めます。例えば、名札は教室の背面に掲示したウォールポケットを用意して、それにしまわせるようにします。

連絡帳を先生に見せてから下校するようにして、自席ではずした名札をウォールポケットに入れてから、先生が待っている教卓に向かわせるようにするといいでしょう。このようにルーティン化すると、先生はウォールポケットをチェックするだけで、名札をしまったかどうかを確認できます。
　また、やるべきことをルーティン化することによって、皆が同じ行動をとるので、動きに流れができます。その結果、移動する時に子ども同士がぶつかることなく、スムーズに移動できます。

➕ プラス ワンポイント！

皆が同じ行動を取ることで、違う行動を取っていると、毎日のルーティンから外れていることに気付き、自分の行動を自覚的に改めるという効果もあります。

第5章　子どもの反発を生まない！　困った問題への指導の工夫

⑧ 机がきれいに揃う「マーキング」

机が整然と並んでいて、いつも美しい教室があります。机をずらして床の上を見てみると、その秘訣がわかりました。

◆机を動かすたびに位置がずれる

掃除の時間が終わると、庭掃除の子どもたちが教室に戻ってきます。自分の席に着こうとした時、「教室掃除はちゃんと机を揃えてよ」とぼやいています。確かに、列が揃っていません。前後の机の間隔もまちまちです。

教室環境が乱れることと、子どもの心が乱れることとは無関係ではありません。経験上、落ち着いたクラスというのは、必ずといっていいほど机が整然と並んでいます。

◆マーキングであるべき位置を示す

しかしながら、なぜ机の位置が乱れるのでしょうか？　それは、子どもたちの個々の判断に任せるからです。

そこで、判断基準を明確にするようにします。シールで正しい机の位置がわかるようにマーキングをすれば、机は必ず揃うようになります。

この時、机のどこの脚を基準にマーキングするかが重要です。マークの位置は机の後ろ脚です。後ろ脚を揃えるところにマークがしてあれば、椅子に座ったままでも確認できるので、身を乗り出さずに机を整頓できます。

子どもたちはマークの上に机の脚を置けばいいのですから、悩むことはありません。やるべきことが指定されているので、安心して行うことができます。自分の机でも友だちの机でも簡単に揃えることができます。掃除の時や帰りの会の後、日直が机を整頓する時にも役立ちます。

　翌日、登校した子どもたちは整然と並んだ机を見て、「美しい」と感じるはずです。美しさがわかるようになると、ずれている机を無意識のうちに正しく揃えようと反応するようになります。

➕プラス ワンポイント！

このマーキングは他にも転用できます。例えば雑巾を並べる場所には氏名を書いたシールを貼って、そこに置くようにします。雑巾が落ちていても、友だちが拾って元の場所にかけてくれます。

子どもの気持ちをくみ取る…❺
問題行動は必要行動？

　給食を飲むように食べるＡ君。箸を休めることなく、口の中に給食を入れていきます。給食指導では「一口30回噛む」ことを奨励していますが、一口１回ではないかと思うくらいの早食いです。

　実は、Ａ君は事情があって朝食をとらずに登校して来るので、給食が最初の食事になるのです。友だちが「おかわり」をして、自分の分がなくなってしまう前に「おかわり」をしようと急いで食べていたのです。

　給食指導上、早食いは問題行動ですが、腹ぺこのＡ君にとっては必要な行動だったのです。

　さて、Ａ君の早食いは、自分の空腹を満たすための「必要行動」であることはわかりました。しかし、Ａ君の体にとっても早食いは思わしくなく、まわりの友だちも「食べ方が汚い」と不快な気持ちになっています。

　そこで、私はＡ君の給食を超大盛にして、「おかわり」は無しにしました。これなら、「量」を気にすることから解放されます。

　はたして、Ａ君の食べ方が変わってきました。自分の食べる量が決まっています。急いで食べる必要がないので、安心して食事ができます。「一口30回噛もうね」というアドバイスが耳に入るようになりました。また、超大盛りの給食は見ただけで満腹感を与えます。「目」で満腹感を覚えます。

　早食いを「問題行動」として注意しても改めることができなかったのですが、「必要行動」としてその理由を考え、満たしてあげることで、Ａ君の行動に変化がみえるようになりました。

あとがき

　本書を最後までご笑覧いただき、ありがとうございます。

「こんなことで、本当に子どもとうまくいくのかなぁ？」と、半信半疑で読み進めていただいた先生もいらっしゃるのではないでしょうか。

　教師は子どもたちを教え導くことが仕事です。ですから、「ぶつからない」「戦わない」という指導方法に抵抗がある先生方も少なくないでしょう。

　しかし、本書の実践をしばらく続けていただければ、子どもたちとの関係性が、みるみるうちに変わってくることを実感してもらえることと思います。何よりも、先生自身が楽になったと感じてくださるのではないかと思っています。

　ただし、子どもの言動を受け入れることは、簡単なようで、意識しないとなかなか難しい実践でもあります。

　さて、話は変わりますが、私は古武術を習っています。

　最初の頃は、上級者と組み手をする場合に、色々と教わった技をかけてみるのですが、なかなか通用しません。そのたびに先輩は、「城ヶ﨑さん、ぶつかっているよ」と教えてくださいます。

　今度は、力まないことを意識して技をかけ直すのですが、意識すればするほど無駄な力を使うので、ますます技はかかりません。先輩に触れた瞬間に強烈な返し技をもらってしまいます。

　しかし、師匠の技をひたすら真似て、稽古を続けているうちにだんだんと上達していくことができました。このとき、まずは、「自分の動きを捨てる」ことが大切なんだということを学びました。

そして、先輩がいつも教えてくださっていた「ぶつからないようにする」ということの意味がわかるようになってきました。

この古武術での経験が、本書で紹介した私自身の指導の原則＝「ぶつからない」「戦わない」指導法という発想のきっかけにもなっています。

真似るとは、今までの自分のやり方を捨てることから始まります。師匠の一挙手一投足、息の吐き方までも真似るのです。それが、古武術における上達の一番のポイントなのです。

基本的には、教育現場での指導技術の向上についても同じなのではないかと考えています。

本書の「ぶつからない」「戦わない」指導法は、いざやってみると、「待てない」「指示したい」などという思いが頭をもたげることでしょう。

しかし、そのような時は、だまされたと思ってもう少しだけ続けてみてください。やっているうちにだんだんと指導スタイルが自分のものになっていき、気負わずに「待てる」ようになっているはずです。

最後になりましたが、学陽書房の後藤優幸さんには企画段階から貴重なアドバイスをいただきました。本書が完成するまで長い間「待ち」、ご指導をいただきました。本は編集者ともにつくりあげるものだと、感謝の気持ちでいっぱいです。

また、同じく学陽書房の伊藤真理江さんには、校正でお世話になりました。後藤さん、伊藤さんのご支援のおかげで本書を書店に並べることができます。クノケイスケさんには素敵なイラストを描いていただきました。

この場を借りて、御礼申し上げます。

城ヶ﨑 滋雄

●著者紹介

城ヶ﨑 滋雄 （じょうがさき しげお）

1957 年、鹿児島県生まれ。
1980 年、大学を卒業後、千葉県公立小学校教諭となる。
20 歳代では、教育委員会に出向し、社会教育に携わる。
30 歳代では、不登校対策教員として不登校についての研鑽を積む。
40 歳代では、荒れたクラスの立て直しに努める。
50 歳代では、子育て経験をいかして家庭教育にも活動を広げる。

現在も、現役の小学校教師として、連載が 10 年目をむかえた教育情報誌『OF（オフ）』（新学社）や、子育て情報誌『Popy f（ポピーエフ）』（新学社）を通して、若い教師や保護者にアドバイス・情報発信を行っている。

また、地域の小学生を対象とした陸上競技教室（船橋陸上クラブ）の指導者としても活動し、毎年のように千葉県代表として全国小学生陸上競技交流大会に選手を送り出し、男子 4 × 100m リレーと女子走り高跳びで日本一、駅伝では 3 位となった。

著書に、『クラスがみるみる落ち着く教師のすごい指導法－荒れを克服する 50 の実践－』（学陽書房）、『「陸上競技」もの識り大百科』（明治図書）。

共著に、『○×イラストでわかる！トップ 1 割の教師が知っている「できるクラス」の育て方』『誰でも成功する先生も楽しい学級づくり』（以上、学陽書房）、『THE 学級マネジメント（「THE 教師力」シリーズ）』（明治図書）、『忙しい学校生活をのりきる！ ベテラン教師の超ワザ 222』（ひまわり社）などがある。

ブログ：「城ヶ崎滋雄の "After You"」
http://jougasaki.blog.fc2.com/

子どもと「ぶつからない」
「戦わない」指導法！

2015年3月13日　初版印刷
2015年3月19日　初版発行

著　者————城ヶ﨑滋雄

発行者————佐久間重嘉

発行所————学　陽　書　房
　　　　　　　〒102-0072　東京都千代田区飯田橋1-9-3
営業部————TEL 03-3261-1111　FAX 03-5211-3300
編集部————TEL 03-3261-1112　FAX 03-5211-3301
　　　　　　　振替口座　00170-4-84240

ブックデザイン／佐藤博　イラスト／クノケイスケ
DTP制作／岸博久（メルシング）　印刷・製本／三省堂印刷

© Jougasaki Shigeo 2015, Printed in Japan　ISBN 978-4-313-65281-1　C0037
乱丁・落丁本は、送料小社負担にてお取替えいたします。

―――― 学陽書房 好評既刊 ――――

クラスがみるみる落ち着く
教師の
すごい指導法！
荒れを克服する50の実践

城ヶ﨑 滋雄［著］
Ａ５判・並製　128頁
定価＝本体1,700円＋税

熱心に指導しているつもりなのに、いつも子どもたちからの反発を招いてしまう…。一生懸命に指導すればするほど、クラスが荒れていく気がする…。 そんな先生たちの「不安」や「悩み」に応える本！ 子どもたちの反発を生まず、クラスに落ち着きを取り戻していく効果的且つ具体的な指導法を紹介！ 荒れたクラスを立て直してきた著者による確かな実践です！！

トップ1割の教師が知っている 「できるクラス」の育て方

吉田忍・山田将由［編著］　Ａ５判・並製　128頁　定価＝本体1,800円＋税

コーチングでクラスがみるみる変わる！　子どもたちがどんどん自分たちで問題を解決し始めて、問題行動がなくなり、クラスがまとまる！　今日からできる、コーチングによるクラスのマネジメント方法や、子どもの考えの引き出し方がよくわかる1冊！

プロ教師のクラスがうまくいく 「叱らない」指導術

俵原正仁 ［著］ Ａ５判・並製　144頁　定価＝本体1,800円＋税

叱ることをやめるとクラスはうまくいく！　ベテラン教師が伝える「叱らないですむ楽しいクラスのつくり方」とは？　あなたのクラスが落ち着き、みるみるまとまる知恵を大公開！　明日からの子どもへの対応がぐっとラクになる一冊！

授業がうまい教師の すごいコミュニケーション術

菊池省三 ［著］　Ａ５判・並製　140頁　定価＝本体1,700円＋税

教師のコミュニケーション力が授業や学級づくりのレベルを左右する！
コミュニケーション指導のプロであり、ＮＨＫ「プロフェッショナル仕事の流儀」などに出演して話題の著者が、誰にでもすぐに実践できる具体的なコミュニケーション技術の数々を紹介！！　最終章では、同僚・保護者とのコミュニケーションの基本も紹介。

できる教師の叱り方・ほめ方の極意

山中伸之 ［著］　Ａ５判・並製　152ページ　定価＝本体1,700円＋税

叱り方・ほめ方で重要となるのは、一貫して「ぶれない」こと。時に厳しく、時にあたたかい教師には、子どもたちが必ずついてくる！　学級に秩序を生みだし、教師と子どもとの適切な距離感をつくりだす適切な指導法を紹介！